TRANZLATY

La lingua è per tutti

Sproget er for alle

Il richiamo della foresta

Når naturen kalder

Jack London

Italiano / Dansk

Nel primitivo
Ind i det primitive

Buck non leggeva i giornali.
Buck læste ikke aviserne.
Se avesse letto i giornali avrebbe saputo che i guai si stavano avvicinando.
Hvis han havde læst aviserne, ville han have vidst, at der var problemer i gang.
Non erano guai solo per lui, ma per tutti i cani da caccia.
Der var problemer ikke kun for ham selv, men for alle tidevandshunde.
Ogni cane con muscoli forti e pelo lungo e caldo sarebbe stato nei guai.
Enhver hund med stærke muskler og varm, lang pels ville komme i problemer.
Da Puget Bay a San Diego nessun cane poteva sfuggire a ciò che stava per accadere.
Fra Puget Bay til San Diego kunne ingen hund undslippe det, der ventede.
Gli uomini, brancolando nell'oscurità artica, avevano trovato un metallo giallo.
Mænd, der famlede i det arktiske mørke, havde fundet et gult metal.
Le compagnie di navigazione a vapore e di trasporto erano alla ricerca della scoperta.
Dampskibs- og transportselskaber jagtede opdagelsen.
Migliaia di uomini si riversarono nel Nord.
Tusindvis af mænd stormede ind i Nordlandet.
Questi uomini volevano dei cani, e i cani che volevano erano cani pesanti.
Disse mænd ville have hunde, og de hunde, de ville have, var tunge hunde.
Cani dotati di muscoli forti per lavorare duro.
Hunde med stærke muskler at slide med.
Cani con il pelo folto che li protegge dal gelo.
Hunde med lodden pels for at beskytte dem mod frosten.

Buck viveva in una grande casa nella soleggiata Santa Clara Valley.

Buck boede i et stort hus i den solkyssede Santa Clara Valley.

La casa del giudice Miller era chiamata così.

Dommer Millers sted, blev hans hus kaldt.

La sua casa era nascosta tra gli alberi, lontana dalla strada.

Hans hus lå lidt tilbagetrukket fra vejen, halvt skjult mellem træerne.

Si poteva intravedere l'ampia veranda che circondava la casa.

Man kunne få et glimt af den brede veranda, der strakte sig rundt om huset.

Si accedeva alla casa tramite vialetti ghiaiosi.

Huset blev nået via grusbelagte indkørsler.

I sentieri si snodavano attraverso ampi prati.

Stierne snoede sig gennem vidstrakte græsplæner.

In alto si intrecciavano i rami degli alti pioppi.

Over dem var de flettede grene af høje popler.

Nella parte posteriore della casa le cose erano ancora più spaziose.

Bag huset var tingene endnu mere rummelige.

C'erano grandi scuderie, dove una dozzina di stallieri chiacchieravano

Der var store stalde, hvor et dusin gomme snakkede

C'erano file di cottage per i servi ricoperti di vite

Der var rækker af vinrankeklædte tjenerhytter

E c'era una serie infinita e ordinata di latrine

Og der var en endeløs og ordentlig række af udhuse

Lunghi pergolati d'uva, pascoli verdi, frutteti e campi di bacche.

Lange vingårde, grønne enge, frugtplantager og bærmarker.

Poi c'era l'impianto di pompaggio per il pozzo artesiano.

Så var der pumpeanlægget til den artesiske brønd.

E c'era la grande cisterna di cemento piena d'acqua.

Og der var den store cementtank fyldt med vand.

Qui i ragazzi del giudice Miller hanno fatto il loro tuffo mattutino.

Her tog dommer Millers drenge deres morgendukkert.

E lì si rinfrescavano anche nel caldo pomeriggio.

Og de kølede også ned der i den varme eftermiddag.

E su questo grande dominio, Buck era colui che lo governava tutto.

Og over dette store domæne var det Buck, der herskede over det hele.

Buck nacque su questa terra e visse qui tutti i suoi quattro anni.

Buck blev født på dette land og boede her alle sine fire år.

C'erano effettivamente altri cani, ma non avevano molta importanza.

Der var ganske vist andre hunde, men de betød egentlig ikke noget.

In un posto vasto come questo ci si aspettava la presenza di altri cani.

Andre hunde var forventet på et sted så stort som dette.

Questi cani andavano e venivano oppure vivevano nei canili affollati.

Disse hunde kom og gik, eller boede inde i de travle kenneler.

Alcuni cani vivevano nascosti in casa, come Toots e Ysabel.

Nogle hunde boede gemt i huset, ligesom Toots og Ysabel gjorde.

Toots era un carlino giapponese, Ysabel una cagnolina messicana senza pelo.

Toots var en japansk mops, Ysabel en mexicansk hårløs hund.

Queste strane creature raramente uscivano di casa.

Disse mærkelige væsner gik sjældent uden for huset.

Non toccarono terra né annusarono l'aria esterna.

De rørte ikke jorden eller snusede i den fri luft udenfor.

C'erano anche i fox terrier, almeno una ventina.

Der var også foxterrierene, mindst tyve i antal.

Questi terrier abbaiavano ferocemente a Toots e Ysabel in casa.

Disse terriere gøede voldsomt ad Toots og Ysabel indenfor.

Toots e Ysabel rimasero dietro le finestre, al sicuro da ogni pericolo.

Toots og Ysabel blev bag vinduerne, i sikkerhed for overlast.

Erano sorvegliati da domestiche armate di scope e stracci.

De blev bevogtet af huspiger med koste og mopper.

Ma Buck non era un cane da casa e nemmeno da canile.

Men Buck var ingen hushund, og han var heller ingen
kennelhund.

**L'intera proprietà apparteneva a Buck come suo legittimo
regno.**

Hele ejendommen tilhørte Buck som hans retmæssige rige.

**Buck nuotava nella vasca o andava a caccia con i figli del
giudice.**

Buck svømmede i akvariet eller gik på jagt med dommerens
sønner.

**Camminava con Mollie e Alice nelle prime ore del mattino o
tardi.**

Han gik med Mollie og Alice i de tidlige eller sene timer.

**Nelle notti fredde si sdraiava davanti al fuoco della
biblioteca insieme al giudice.**

På kolde nætter lå han foran bibliotekets ilden med
dommeren.

**Buck accompagnava i nipoti del giudice sulla sua robusta
schiena.**

Buck kørte dommerens børnebørn på sin stærke ryg.

**Si rotolava nell'erba insieme ai ragazzi, sorvegliandoli da
vicino.**

Han rullede sig i græsset med drengene og bevogtede dem
nøje.

**Si avventurarono fino alla fontana e addirittura oltre i campi
di bacche.**

De vovede sig hen til springvandet og endda forbi
bærmarkerne.

**Tra i fox terrier, Buck camminava sempre con orgoglio
regale.**

Blandt foxterrierene gik Buck altid med kongelig stolthed.

Ignorò Toots e Ysabel, trattandoli come se fossero aria.

Han ignorerede Toots og Ysabel og behandlede dem, som om
de var luft.

Buck governava tutte le creature viventi sulla terra del giudice Miller.

Buck herskede over alle levende væsner på dommer Millers land.

Dominava gli animali, gli insetti, gli uccelli e perfino gli esseri umani.

Han herskede over dyr, insekter, fugle og endda mennesker.

Il padre di Buck, Elmo, era un enorme e fedele San Bernardo.

Bucks far, Elmo, havde været en enorm og loyal sanktbernhardshund.

Elmo non si allontanò mai dal Giudice e lo servì fedelmente.

Elmo forlod aldrig dommerens side og tjente ham trofast.

Buck sembrava pronto a seguire il nobile esempio del padre.

Buck syntes parat til at følge sin fars ædle eksempel.

Buck non era altrettanto grande: pesava sessanta chili.

Buck var ikke helt så stor og vejede hundrede og fyrre pund.

Sua madre, Shep, era una splendida cagnolina da pastore scozzese.

Hans mor, Shep, havde været en fin skotsk hyrdehund.

Ma nonostante il suo peso, Buck camminava con una presenza regale.

Men selv med den vægt gik Buck med en majestætisk tilstedeværelse.

Ciò derivava dal buon cibo e dal rispetto che riceveva sempre.

Dette kom fra god mad og den respekt, han altid modtog.

Per quattro anni Buck aveva vissuto come un nobile viziato.

I fire år havde Buck levet som en forkælet adelsmand.

Era orgoglioso di sé stesso e perfino un po' egocentrico.

Han var stolt af sig selv, og endda en smule egoistisk.

Quel tipo di orgoglio era comune tra i signori delle campagne remote.

Den slags stolthed var almindelig blandt afsidesliggende landsherrer.

Ma Buck si salvò dal diventare un cane domestico viziato.

Men Buck reddede sig selv fra at blive en forkælet hushund.

Rimase snello e forte grazie alla caccia e all'esercizio fisico.
Han forblev slank og stærk gennem jagt og motion.
Amava profondamente l'acqua, come chi si bagna nei laghi freddi.
Han elskede vand dybt, ligesom folk der bader i kolde søer.
Questo amore per l'acqua mantenne Buck forte e molto sano.
Denne kærlighed til vand holdt Buck stærk og meget sund.
Questo era il cane che Buck era diventato nell'autunno del 1897.
Det var den hund, Buck var blevet til i efteråret 1897.
Quando lo sciopero del Klondike spinse gli uomini verso il gelido Nord.
Da Klondike-angrebet trak mænd til det frosne nord.
Da ogni parte del mondo la gente accorse in massa verso la fredda terra.
Folk strømmede fra hele verden til det kolde land.
Buck, tuttavia, non leggeva i giornali e non capiva le notizie.
Buck læste imidlertid ikke aviser og forstod heller ikke nyheder.
Non sapeva che Manuel fosse una persona cattiva con cui stare.
Han vidste ikke, at Manuel var en dårlig mand at være sammen med.
Manuel, che aiutava in giardino, aveva un grosso problema.
Manuel, som hjalp til i haven, havde et alvorligt problem.
Manuel era dipendente dal gioco d'azzardo alla lotteria cinese.
Manuel var afhængig af at spille i det kinesiske lotteri.
Credeva fermamente anche in un sistema fisso per vincere.
Han troede også stærkt på et fast system til at vinde.
Questa convinzione rese il suo fallimento certo e inevitabile.
Den tro gjorde hans fiasko sikker og uundgåelig.
Per giocare con un sistema erano necessari soldi, soldi che a Manuel mancavano.
At spille et system kræver penge, hvilket Manuel manglede.
Il suo stipendio bastava a malapena a sostenere la moglie e i numerosi figli.

Hans løn kunne knap nok forsørge hans kone og mange børn.

La notte in cui Manuel tradì Buck, tutto era normale.

Den aften Manuel forrådte Buck, var alting normalt.

Il giudice si trovava a una riunione dell'Associazione dei coltivatori di uva passa.

Dommeren var til et møde i rosinavlerforeningen.

A quel tempo i figli del giudice erano impegnati a fondare un club sportivo.

Dommerens sønner var dengang travlt optaget af at danne en atletikklub.

Nessuno vide Manuel e Buck uscire dal frutteto.

Ingen så Manuel og Buck gå gennem frugtplantagen.

Buck pensava che questa fosse solo una semplice passeggiata notturna.

Buck troede, at denne gåtur bare var en simpel natlig spadseretur.

Incontrarono un solo uomo alla stazione della bandiera, a College Park.

De mødte kun én mand ved flagstationen i College Park.

Quell'uomo parlò con Manuel e si scambiarono i soldi.

Manden talte med Manuel, og de udvekslede penge.

"Imballa la merce prima di consegnarla", suggerì.

"Pak varerne ind, inden du leverer dem," foreslog han.

La voce dell'uomo era roca e impaziente mentre parlava.

Mandens stemme var ru og utålmodig, mens han talte.

Manuel legò con cura una corda spessa attorno al collo di Buck.

Manuel bandt forsigtigt et tykt reb om Bucks hals.

"Se giri la corda, lo strangolerai di brutto"

"Vrid rebet, så kvæler du ham rigeligt"

Lo straniero emise un grugnito, dimostrando di aver capito bene.

Den fremmede gryntede, hvilket viste, at han forstod det godt.

Quel giorno Buck accettò la corda con calma e silenziosa dignità.

Buck tog imod rebet med rolig og stille værdighed den dag.

Era un atto insolito, ma Buck si fidava degli uomini che conosceva.

Det var en usædvanlig handling, men Buck stolede på de mænd, han kendte.

Credeva che la loro saggezza andasse ben oltre il suo pensiero.

Han mente, at deres visdom rakte langt ud over hans egen tankegang.

Ma poi la corda venne consegnata nelle mani dello straniero.

Men så blev rebet givet i den fremmedes hænder.

Buck emise un ringhio basso che suonava come un avvertimento e una minaccia silenziosa.

Buck udstødte en lav knurren, der advarede med en stille trussel.

Era orgoglioso e autoritario e intendeva mostrare il suo disappunto.

Han var stolt og kommanderende, og han havde til hensigt at vise sin utilfredshed.

Buck credeva che il suo avvertimento sarebbe stato interpretato come un ordine.

Buck troede, at hans advarsel ville blive forstået som en ordre.

Con suo grande stupore, la corda si strinse rapidamente attorno al suo grosso collo.

Til hans chok strammedes rebet hårdt om hans tykke hals.

Gli mancò l'aria e cominciò a lottare in preda a una rabbia improvvisa.

Hans luft blev afskåret, og han begyndte at kæmpe i et pludseligt raseri.

Si lanciò verso l'uomo, che si lanciò rapidamente contro Buck a mezz'aria.

Han sprang mod manden, som hurtigt mødte Buck midt i luften.

L'uomo afferrò Buck per la gola e lo fece ruotare abilmente in aria.

Manden greb fat i Bucks hals og vred ham dygtigt op i luften.

Buck venne scaraventato a terra con violenza, atterrando sulla schiena.

Buck blev kastet hårdt omkuld og landede fladt på ryggen.

La corda ora lo strangolava crudelmente mentre lui scalciava selvaggiamente.

Rebet kvalte ham nu grusomt, mens han sparkede vildt.

La sua lingua cadde fuori, il suo petto si sollevò, ma non riprese fiato.

Hans tunge faldt ud, hans bryst hævede sig, men han fik ikke vejret.

Non era mai stato trattato con tanta violenza in vita sua.

Han var aldrig blevet behandlet med sådan vold i sit liv.

Non era mai stato così profondamente invaso da una rabbia così profonda.

Han havde heller aldrig før været fyldt med så dyb vrede.

Ma il potere di Buck svanì e i suoi occhi diventarono vitrei.

Men Bucks kraft svandt ud, og hans øjne blev glasagtige.

Svenne proprio mentre un treno veniva fermato lì vicino.

Han besvimede lige da et tog holdt ind mod gaden i nærheden.

Poi i due uomini lo caricarono velocemente nel vagone bagagli.

Så kastede de to mænd ham hurtigt ind i bagagevognen.

La cosa successiva che Buck sentì fu dolore alla lingua gonfia.

Det næste Buck følte var en smerte i sin hævede tunge.

Si muoveva su un carro traballante, solo vagamente cosciente.

Han kørte i en rystende vogn, kun svagt ved bevidsthed.

Il fischio acuto di un treno rivelò a Buck la sua posizione.

Det skarpe skrig fra en togfløjte fortalte Buck hans position.

Aveva spesso cavalcato con il Giudice e conosceva quella sensazione.

Han havde ofte redet med dommeren og kendte følelsen.

Fu un'esperienza unica viaggiare di nuovo in un vagone bagagli.

Det var det unikke chok at rejse i en bagagevogn igen.

Buck aprì gli occhi e il suo sguardo ardeva di rabbia.

Buck åbnede øjnene, og hans blik brændte af raseri.

Questa era l'ira di un re orgoglioso detronizzato.

Dette var vreden hos en stolt konge, der blev taget fra sin trone.

Un uomo allungò la mano per afferrarlo, ma Buck colpì per primo.

En mand rakte ud for at gribe ham, men Buck slog til først i stedet.

Affondò i denti nella mano dell'uomo e la strinse forte.

Han satte tænderne i mandens hånd og holdt fast.

Non mi lasciò andare finché non svenne per la seconda volta.

Han slap ikke, før han besvimede anden gang.

"Sì, ha degli attacchi", borbottò l'uomo al facchino.

"Ja, har anfald," mumlede manden til bagagemanden.

Il facchino aveva sentito la colluttazione e si era avvicinato.

Bagagemanden havde hørt kampen og var kommet nærmere.

"Lo porto a Frisco per conto del capo", spiegò l'uomo.

"Jeg tager ham med til 'Frisco for chefens skyld," forklarede manden.

"C'è un bravo dottore per cani che dice di poterli curare."

"Der er en dygtig hundelæge der, som siger, at han kan helbrede dem."

Più tardi quella notte l'uomo raccontò la sua versione completa.

Senere samme aften gav manden sin egen fulde beretning.

Parlava da un capannone dietro un saloon sul molo.

Han talte fra et skur bag en saloon på kajen.

"Mi hanno dato solo cinquanta dollari", si lamentò con il gestore del saloon.

"Jeg fik kun halvtreds dollars," klagede han til saloonmanden.

"Non lo rifarei, nemmeno per mille dollari in contanti."

"Jeg ville ikke gøre det igen, ikke engang for tusind kroner i kontanter."

La sua mano destra era strettamente avvolta in un panno insanguinato.

Hans højre hånd var tæt pakket ind i et blodigt klæde.

La gamba dei suoi pantaloni era completamente strappata dal ginocchio al piede.

Hans bukseben var vidt revet op fra knæ til fod.

"Quanto è stato pagato l'altro tizio?" chiese il gestore del saloon.

"Hvor meget fik den anden krus i løn?" spurgte saloonmanden.

«Cento», rispose l'uomo, «non ne accetterebbe uno in meno».

"Hundrede," svarede manden, "han ville ikke tage en øre mindre."

"Questo fa centocinquanta", disse il gestore del saloon.

"Det bliver til hundrede og halvtreds," sagde saloonmanden.

"E lui li merita tutti, altrimenti non sono meglio di uno stupido."

"Og han er det hele værd, ellers er jeg ikke bedre end en tåbe."

L'uomo aprì gli involucri per esaminarsi la mano.

Manden åbnede indpakningen for at undersøge sin hånd.

La mano era gravemente graffiata e ricoperta di croste di sangue secco.

Hånden var slemt flænget og tilsølvet med tørret blod.

"Se non mi viene l'idrofobia..." cominciò a dire.

"Hvis jeg ikke får hydrofobien ..." begyndte han at sige.

"Sarà perché sei nato per impiccarti", giunse una risata.

"Det er fordi, du er født til at hænge," lød en latter.

"Aiutami prima di partire", gli chiesero.

"Kom og hjælp mig, inden du går," blev han spurgt.

Buck era stordito dal dolore alla lingua e alla gola.

Buck var i en døs af smerten i tungen og halsen.

Era mezzo strangolato e riusciva a malapena a stare in piedi.

Han var halvkvalt og kunne knap nok stå oprejst.

Ciononostante, Buck cercò di affrontare gli uomini che lo avevano ferito così duramente.

Alligevel forsøgte Buck at se de mænd i øjnene, der havde såret ham så meget.

Ma lo gettarono a terra e lo strangolarono ancora una volta.

Men de kastede ham ned og kvalte ham endnu engang.

Solo allora riuscirono a segargli il pesante collare di ottone.

Først da kunne de save hans tunge messingkrave af.

Tolsero la corda e lo spinsero in una cassa.

De fjernede rebet og skubbede ham ind i en kasse.

La cassa era piccola e aveva la forma di una gabbia di ferro grezza.

Kassen var lille og formet som et groft jernbur.

Buck rimase lì per tutta la notte, pieno di rabbia e di orgoglio ferito.

Buck lå der hele natten, fyldt med vrede og såret stolthed.

Non riusciva nemmeno a capire cosa gli stesse succedendo.

Han kunne ikke begynde at forstå, hvad der skete med ham.

Perché quegli strani uomini lo tenevano in quella piccola cassa?

Hvorfor holdt disse mærkelige mænd ham i denne lille kasse?

Cosa volevano da lui e perché questa crudele prigionia?

Hvad ville de med ham, og hvorfor dette grusomme fangenskab?

Sentì una pressione oscura e la sensazione che il disastro si avvicinasse.

Han følte et mørkt pres; en følelse af, at katastrofen kom nærmere.

Era una paura vaga, ma si impadronì pesantemente del suo spirito.

Det var en vag frygt, men den satte sig tungt i hans sind.

Diverse volte sobbalzò quando la porta del capanno sbatteva.

Flere gange sprang han op, da skurdøren raslede.

Si aspettava che il giudice o i ragazzi apparissero e lo salvassero.

Han forventede, at dommeren eller drengene ville dukke op og redde ham.

Ma ogni volta solo la faccia grassa del gestore del saloon faceva capolino all'interno.

Men kun saloonværtens tykke ansigt kiggede ind hver gang.

Il volto dell'uomo era illuminato dalla debole luce di una candela di sego.

Mandens ansigt var oplyst af det svage skær fra et talglys.

Ogni volta, il latrato gioioso di Buck si trasformava in un ringhio basso e arrabbiato.

Hver gang ændrede Bucks glædelige gøen sig til en lav, vred knurren.

Il gestore del saloon lo ha lasciato solo per la notte nella cassa

Saloonværten lod ham være alene i buret natten over

Ma quando si svegliò la mattina seguente, altri uomini stavano arrivando.

Men da han vågnede om morgenen, kom der flere mænd.

Arrivarono quattro uomini e, con cautela, sollevarono la cassa senza dire una parola.

Fire mænd kom og samlede forsigtigt kassen op uden et ord.

Buck capì subito in quale situazione si trovava.

Buck forstod straks den situation, han befandt sig i.

Erano ulteriori tormentatori che doveva combattere e temere.

De var yderligere plageånder, som han måtte bekæmpe og frygte.

Questi uomini apparivano malvagi, trasandati e molto mal curati.

Disse mænd så onde, lasede og meget dårligt soignerede ud.

Buck ringhiò e si lanciò contro di loro con furia attraverso le sbarre.

Buck knurrede og kastede sig voldsomt mod dem gennem tremmerne.

Si limitarono a ridere e a colpirlo con lunghi bastoni di legno.

De bare lo og prikkede til ham med lange træpinde.

Buck morse i bastoncini, poi capì che era quello che gli piaceva.

Buck bed i pindene, men indså så, at det var det, de kunne lide.

Così si sdraiò in silenzio, imbronciato e acceso da una rabbia silenziosa.

Så lagde han sig stille ned, mut og brændende af stille raseri.

Caricarono la cassa su un carro e se ne andarono con lui.

De løftede kassen op i en vogn og kørte væk med ham.

La cassa, con Buck chiuso dentro, cambiò spesso proprietario.

Kassen, med Buck låst inde, skiftede ofte hænder.

Gli impiegati dell'ufficio espresso presero in mano la situazione e si occuparono di lui per un breve periodo.

Ekspreskontorets kontormedarbejdere tog ansvaret og ekspederede ham kortvarigt.

Poi un altro carro trasportò Buck attraverso la rumorosa città.

Så bar en anden vogn Buck tværs over den larmende by.

Un camion lo portò con sé scatole e pacchi su un traghetto.

En lastbil kørte ham med kasser og pakker ombord på en færge.

Dopo l'attraversamento, il camion lo scaricò presso un deposito ferroviario.

Efter at have krydset, læssede lastbilen ham af på en jernbanedepot.

Alla fine Buck venne fatto salire a bordo di un vagone espresso in attesa.

Endelig blev Buck placeret i en ventende ekspresvogn.

Per due giorni e due notti i treni trascinarono via il vagone espresso.

I to dage og nætter trak tog ekspressvognen væk.

Buck non mangiò né bevve durante tutto il doloroso viaggio.

Buck hverken spiste eller drak under hele den smertefulde rejse.

Quando i messaggeri cercarono di avvicinarlo, lui ringhiò.

Da ekspresbudene forsøgte at nærme sig ham, knurrede han.

Risposero prendendolo in giro e prendendolo in giro crudelmente.

De reagerede ved at håne ham og drille ham grusomt.

Buck si gettò contro le sbarre, schiumando e tremando

Buck kastede sig mod tremmerne, frådende og rystende

risero sonoramente e lo presero in giro come i bulli della scuola.

De lo højt og drillede ham som skolegårdsbøller.

Abbaiavano come cani finti e agitavano le braccia.

De gøede som falske hunde og baskede med armene.

Arrivarono persino a cantare come galli, solo per farlo arrabbiare ancora di più.

De galte endda som haner bare for at gøre ham endnu mere ked af det.

Era un comportamento sciocco e Buck sapeva che era ridicolo.

Det var tåbelig opførsel, og Buck vidste, at det var latterligt.

Ma questo non fece altro che accrescere il suo senso di indignazione e vergogna.

Men det forstærkede kun hans følelse af forargelse og skam.

Durante il viaggio la fame non lo disturbò molto.

Han var ikke synderligt generet af sult under turen.

Ma la sete portava con sé dolori acuti e sofferenze insopportabili.

Men tørst medførte skarp smerte og uudholdelig lidelse.

La sua gola secca e infiammata e la lingua bruciavano per il calore.

Hans tørre, betændte hals og tunge brændte af varme.

Questo dolore alimentava la febbre che cresceva nel suo corpo orgoglioso.

Denne smerte nærede feberen, der steg i hans stolte krop.

Durante questa prova Buck fu grato per una sola cosa.

Buck var taknemmelig for én enkelt ting under denne retssag.

Gli avevano tolto la corda dal grosso collo.

Rebet var blevet fjernet fra hans tykke hals.

La corda aveva dato a quegli uomini un vantaggio ingiusto e crudele.

Rebet havde givet disse mænd en urimelig og grusom fordel.

Ora la corda non c'era più e Buck giurò che non sarebbe mai più tornata.

Nu var rebet væk, og Buck svor på, at det aldrig ville vende tilbage.

Decise che nessuna corda gli sarebbe mai più passata intorno al collo.

Han besluttede sig for, at intet reb nogensinde skulle gå om hans hals igen.

Per due lunghi giorni e due lunghe notti soffrì senza cibo.
I to lange dage og nætter led han uden mad.
E in quelle ore, accumulò dentro di sé una rabbia enorme.
Og i de timer opbyggede han et enormt raseri indeni.
I suoi occhi diventarono iniettati di sangue e selvaggi per la rabbia costante.
Hans øjne blev blodskudte og vilde af konstant vrede.
Non era più Buck, ma un demone con le fauci che schioccavano.
Han var ikke længere Buck, men en dæmon med knækende kæber.
Nemmeno il Giudice avrebbe potuto riconoscere questa folle creatura.
Selv dommeren ville ikke have kendt denne vanvittige skabning.
I messaggeri espressi tirarono un sospiro di sollievo quando giunsero a Seattle
Ekspresbudene sukkede lettet, da de nåede Seattle
Quattro uomini sollevarono la cassa e la portarono in un cortile sul retro.
Fire mænd løftede kassen og bragte den til en baghave.
Il cortile era piccolo, circondato da mura alte e solide.
Gården var lille, omgivet af høje og solide mure.
Un uomo corpulento uscì dalla stanza con una scollatura larga e una camicia rossa.
En stor mand trådte ud i en hængende rød sweaterskjorte.
Firmò il registro delle consegne con una calligrafia spessa e decisa.
Han underskrev leveringsbogen med en tyk og dristig håndskrift.
Buck intuì subito che quell'uomo era il suo prossimo aguzzino.
Buck fornemmede straks, at denne mand var hans næste plageånd.
Si lanciò violentemente contro le sbarre, con gli occhi rossi di rabbia.

Han kastede sig voldsomt mod tremmerne med røde øjne af raseri.

L'uomo si limitò a sorridere amaramente e andò a prendere un'ascia.

Manden smilede bare dystert og gik for at hente en økse.

Teneva anche una mazza nella sua grossa e forte mano destra.

Han medbragte også en kølle i sin tykke og stærke højre hånd.

"Lo porterai fuori adesso?" chiese l'autista preoccupato.

"Skal du køre ham ud nu?" spurgte chaufføren bekymret.

"Certo", disse l'uomo, infilando l'ascia nella cassa come se fosse una leva.

"Javisst," sagde manden og pressede øksen ned i kassen som en løftestang.

I quattro uomini si dileguarono all'istante, saltando sul muro del cortile.

De fire mænd spredtes øjeblikkeligt og sprang op på gårdsmuren.

Dai loro punti sicuri in alto, aspettavano di ammirare lo spettacolo.

Fra deres trygge pladser ovenover ventede de på at se skuespillet.

Buck si lanciò contro il legno scheggiato, mordendolo e scuotendolo violentemente.

Buck kastede sig mod det splintrede træ, bed og rystede voldsomt.

Ogni volta che l'ascia colpiva la gabbia, Buck era lì pronto ad attaccarla.

Hver gang øksen ramte buret), var Buck der for at angribe den.

Ringhiò e schioccò le dita in preda a una rabbia selvaggia, desideroso di essere liberato.

Han knurrede og snappede af vildt raseri, ivrig efter at blive sluppet fri.

L'uomo all'esterno era calmo e fermo, concentrato sul suo compito.

Manden udenfor var rolig og stødig, optaget af sin opgave.

"Bene allora, diavolo dagli occhi rossi", disse quando il buco fu grande.

"Nå, din rødøjede djævel," sagde han, da hullet var stort.

Lasciò cadere l'ascia e prese la mazza nella mano destra.

Han smed øksen og tog køllen i sin højre hånd.

Buck sembrava davvero un diavolo: aveva gli occhi iniettati di sangue e fiammeggianti.

Buck lignede virkelig en djævel; øjnene var blodsprængte og flammende.

Il suo pelo si rizzò, la schiuma gli salì alla bocca e gli occhi brillarono.

Hans frakke strittede, skum skummede om munden, og øjnene glimtede.

Lui tese i muscoli e si lanciò dritto verso il maglione rosso.

Han spændte musklerne og sprang direkte mod den røde sweater.

Centoquaranta libbre di furia si riversarono sull'uomo calmo.

Et hundrede og fyrre pund raseri fløj mod den rolige mand.

Un attimo prima che le sue fauci si chiudessero, un colpo terribile lo colpì.

Lige før hans kæber lukkede sig, ramte et frygteligt slag ham.

I suoi denti si schioccarono insieme solo sull'aria

Hans tænder knækkede sammen på intet andet end luft

una scossa di dolore gli risuonò nel corpo

et smertestød gennemgik hans krop

Si capovolse a mezz'aria e cadde sulla schiena e su un fianco.

Han væltede midt i luften og styrtede ned på ryggen og siden.

Non aveva mai sentito prima un colpo di mazza e non riusciva a sostenerlo.

Han havde aldrig før følt et kølleslag og kunne ikke gribe det.

Con un ringhio acuto, in parte abbaio, in parte urlo, saltò di nuovo.

Med et skrigende knurren, dels gøen, dels skrig, sprang han igen.

Un altro colpo violento lo colpì e lo scaraventò a terra.

Endnu et brutalt slag ramte ham og kastede ham til jorden.

Questa volta Buck capì: era la pesante clava dell'uomo.

Denne gang forstod Buck det – det var mandens tunge kølle.

Ma la rabbia lo accecò e non pensò minimamente di ritirarsi.

Men raseri blindede ham, og han tænkte ikke på at trække sig tilbage.

Dodici volte si lanciò e dodici volte cadde.

Tolv gange kastede han sig, og tolv gange faldt han.

La mazza di legno lo colpiva ogni volta con una forza spietata e schiacciante.

Trækøllen smadrede ham hver gang med hensynsløs, knusende kraft.

Dopo un colpo violento, si rialzò barcollando, stordito e lento.

Efter et voldsomt slag vaklede han op, fortumlet og langsom.

Il sangue gli colava dalla bocca, dal naso e perfino dalle orecchie.

Blod løb fra hans mund, hans næse og endda hans ører.

Il suo mantello, un tempo bellissimo, era imbrattato di schiuma insanguinata.

Hans engang så smukke frakke var smurt ind i blodigt skum.

Poi l'uomo si fece avanti e gli sferrò un violento colpo al naso.

Så trådte manden frem og gav ham et voldsomt slag på næsen.

L'agonia fu più acuta di qualsiasi cosa Buck avesse mai provato.

Smerten var skarpere end noget Buck nogensinde havde følt.

Con un ruggito più da bestia che da cane, balzò di nuovo all'attacco.

Med et brøl, mere et dyr end en hund, sprang han igen for at angribe.

Ma l'uomo gli afferrò la mascella inferiore e la torse all'indietro.

Men manden greb fat i hans underkæbe og vred den bagover.

Buck si girò a testa in giù e cadde di nuovo violentemente al suolo.

Buck vendte hovedkulds og styrtede hårdt ned igen.

Un'ultima volta, Buck si lanciò verso di lui, ormai a malapena in grado di reggersi in piedi.

En sidste gang angreb Buck ham, nu knap nok i stand til at stå.

L'uomo colpì con sapiente tempismo, sferrando il colpo finale.

Manden slog til med ekspert timing og uddelte det sidste slag.

Buck crollò a terra, privo di sensi e immobile.

Buck kollapsede i en bunke, bevidstløs og ubevægelig.

"Non è uno stupido ad addestrare i cani, ecco cosa dico io", urlò un uomo.

"Han er ikke sløj til at knække hunde, det er det, jeg siger," råbte en mand.

"Druther può spezzare la volontà di un segugio in qualsiasi giorno della settimana."

"Druther kan knække en hunds vilje hvilken som helst dag i ugen."

"E due volte di domenica!" aggiunse l'autista.

"Og to gange på en søndag!" tilføjede chaufføren.

Salì sul carro e tirò le redini per partire.

Han klatrede op i vognen og knækkede tøjlerne for at køre.

Buck riprese lentamente il controllo della sua coscienza

Buck genvandt langsomt kontrollen over sin bevidsthed

ma il suo corpo era ancora troppo debole e rotto per muoversi.

men hans krop var stadig for svag og ødelagt til at bevæge sig.

Rimase lì dove era caduto, osservando l'uomo con il maglione rosso.

Han lå, hvor han var faldet, og betragtede den rødtrøjede mand.

"Risponde al nome di Buck", disse l'uomo, leggendo ad alta voce.

"Han svarer på navnet Buck," sagde manden og læste højt.

Citò la nota inviata con la cassa di Buck e i dettagli.

Han citerede fra den besked, der blev sendt med Bucks kasse, og detaljerne.

"Bene, Buck, ragazzo mio", continuò l'uomo con tono amichevole,

"Nå, Buck, min dreng," fortsatte manden med en venlig tone,
"Abbiamo avuto il nostro piccolo litigio, e ora tra noi è finita."
"Vi har haft vores lille skænderi, og nu er det slut mellem os."
"Tu hai imparato qual è il tuo posto, e io ho imparato qual è il mio", ha aggiunto.
"Du har lært din plads at kende, og jeg har lært min," tilføjede han.
"Sii buono e tutto andrà bene e la vita sarà piacevole."
"Vær god, så skal alt gå godt, og livet skal blive behageligt."
"Ma se sei cattivo, ti spaccherò a morte, capito?"
"Men hvis du er slem, så tæver jeg dig ihjel, forstået?"
Mentre parlava, allungò la mano e accarezzò la testa dolorante di Buck.
Mens han talte, rakte han ud og klappede Bucks ømme hoved.
I capelli di Buck si rizzarono al tocco dell'uomo, ma lui non oppose resistenza.
Bucks hår rejste sig ved mandens berøring, men han gjorde ikke modstand.
L'uomo gli portò dell'acqua e Buck la bevve a grandi sorsi.
Manden bragte ham vand, som Buck drak i store slurke.
Poi arrivò la carne cruda, che Buck divorò pezzo per pezzo.
Så kom råt kød, som Buck fortærede stykke for stykke.
Sapeva di essere stato sconfitto, ma sapeva anche di non essere distrutto.
Han vidste, at han var blevet slået, men han vidste også, at han ikke var brækket.
Non aveva alcuna possibilità contro un uomo armato di manganello.
Han havde ingen chance mod en mand bevæbnet med en kølle.
Aveva imparato la verità e non dimenticò mai quella lezione.
Han havde lært sandheden, og han glemte aldrig den lektie.
Quell'arma segnò l'inizio della legge nel nuovo mondo di Buck.
Det våben var begyndelsen på loven i Bucks nye verden.

Fu l'inizio di un ordine duro e primitivo che non poteva negare.

Det var starten på en hård, primitiv orden, han ikke kunne benægte.

Accettò la verità: i suoi istinti selvaggi erano ormai risvegliati.

Han accepterede sandheden; hans vilde instinkter var nu vågne.

Il mondo era diventato più duro, ma Buck lo affrontò coraggiosamente.

Verden var blevet hårdere, men Buck mødte den tappert.

Affrontò la vita con una nuova cautela, astuzia e una forza silenziosa.

Han mødte livet med ny forsigtighed, list og stille styrke.

Arrivarono altri cani, legati con corde o gabbie, come era successo a Buck.

Flere hunde ankom, bundet i reb eller bure, ligesom Buck havde været.

Alcuni cani procedevano con calma, altri si infuriavano e combattevano come bestie feroci.

Nogle hunde kom roligt, andre rasede og kæmpede som vilde dyr.

Tutti loro furono sottoposti al dominio dell'uomo con il maglione rosso.

De blev alle bragt under den rødtrøjede mands styre.

Ogni volta Buck osservava e vedeva svolgersi la stessa lezione.

Hver gang så Buck den samme lektie udfolde sig.

L'uomo con la clava era la legge: un padrone a cui obbedire.

Manden med køllen var loven; en mester, der skulle adlydes.

Non era necessario che gli piacesse, ma che gli si obbedisse.

Han behøvede ikke at blive holdt af, men han skulle adlydes.

Buck non si è mai mostrato adulatore o scodinzolante come facevano i cani più deboli.

Buck gryede eller logrede aldrig, som de svagere hunde gjorde.

Vide dei cani che erano stati picchiati e che continuavano a leccare la mano dell'uomo.

Han så hunde, der var blevet slået, og som stadig slikkede mandens hånd.

Vide un cane che non obbediva né si sottometteva affatto.

Han så en hund, der slet ikke ville adlyde eller bukke under for ham.

Quel cane ha combattuto fino alla morte nella battaglia per il controllo.

Den hund kæmpede, indtil den blev dræbt i kampen om kontrollen.

A volte degli sconosciuti venivano a trovare l'uomo con il maglione rosso.

Fremmede kom sommetider for at se den rødtrøjede mand.

Parlavano con toni strani, supplicando, contrattando e ridendo.

De talte i en mærkelig tone, tryglede, prutede og lo.

Dopo aver scambiato i soldi, se ne andavano con uno o più cani.

Når der blev udvekslet penge, tog de afsted med en eller flere hunde.

Buck si chiese dove andassero questi cani, perché nessuno faceva mai ritorno.

Buck spekulerede på, hvor disse hunde blev af, for ingen vendte nogensinde tilbage.

la paura dell'ignoto riempiva Buck ogni volta che un uomo sconosciuto si avvicinava

frygten for det ukendte fyldte Buck hver gang en fremmed mand kom

era contento ogni volta che veniva preso un altro cane, al posto suo.

Han var glad hver gang en anden hund blev taget, snarere end ham selv.

Ma alla fine arrivò il turno di Buck con l'arrivo di uno strano uomo.

Men endelig kom Bucks tur med ankomsten af en fremmed mand.

Era piccolo, nervoso e parlava un inglese stentato e imprecava.

Han var lille, senet og talte gebrokkent engelsk og bandede.

"Sacredam!" urlò quando vide il corpo di Buck.

"Sacredam!" råbte han, da han fik øje på Bucks krop.

"Che cane maledetto e prepotente! Eh? Quanto costa?" chiese ad alta voce.

"Det er da en forbandet bøllehund! Eh? Hvor meget?" spurgte han højt.

"Trecento, ed è un regalo a quel prezzo",

"Tre hundrede, og han er en gave til den pris,"

"Dato che sono soldi del governo, non dovresti lamentarti, Perrault."

"Da det er statslige penge, bør du ikke klage, Perrault."

Perrault sorrise pensando all'accordo che aveva appena concluso con quell'uomo.

Perrault smilede bredt over den aftale, han lige havde indgået med manden.

Il prezzo dei cani è salito alle stelle a causa della domanda improvvisa.

Prisen på hunde var steget kraftigt på grund af den pludselige efterspørgsel.

Trecento dollari non erano ingiusti per una bestia così bella.

Tre hundrede dollars var ikke urimeligt for så fint et bæst.

Il governo canadese non perderebbe nulla dall'accordo

Den canadiske regering ville ikke miste noget på aftalen

Né i loro comunicati ufficiali avrebbero subito ritardi nel trasporto.

Deres officielle forsendelser ville heller ikke blive forsinket under transport.

Perrault conosceva bene i cani e capì che Buck era una rarità.

Perrault kendte hunde godt, og kunne se at Buck var noget sjældent.

"Uno su dieci diecimila", pensò, mentre studiava la corporatura di Buck.

"En ud af ti titusind," tænkte han, mens han studerede Bucks kropsbygning.

Buck vide il denaro cambiare di mano, ma non mostrò alcuna sorpresa.

Buck så pengene skifte hænder, men viste ingen overraskelse.

Poco dopo lui e Curly, un gentile Terranova, furono portati via.

Snart blev han og Krøllet, en blid newfoundlænder, ført væk.

Seguirono l'omino dal cortile della casa con il maglione rosso.

De fulgte den lille mand fra den røde sweaters gård.

Quella fu l'ultima volta che Buck vide l'uomo con la mazza di legno.

Det var det sidste, Buck nogensinde så til manden med trækøllen.

Dal ponte del Narwhal guardò Seattle svanire in lontananza.

Fra Narhvalens dæk så han Seattle forsvinde i det fjerne.

Fu anche l'ultima volta che vide le calde terre del Sud.

Det var også sidste gang, han nogensinde så det varme Sydland.

Perrault li portò sottocoperta e li lasciò con François.

Perrault tog dem med ned under dæk og efterlod dem hos François.

François era un gigante con la faccia nera e le mani ruvide e callose.

François var en kæmpe med et sort ansigt og ru, hårdhudede hænder.

Era un uomo dalla carnagione scura e dalla carnagione scura, un meticcio franco-canadese.

Han var mørk og gråhud; en halvblods fransk-canadier.

Per Buck, quegli uomini erano come non li aveva mai visti prima.

For Buck var disse mænd af en slags, han aldrig havde set før.

Nei giorni a venire avrebbe avuto modo di conoscere molti di questi uomini.

Han ville komme til at kende mange sådanne mænd i de kommende dage.

Non cominciò ad affezionarsi a loro, ma finì per rispettarli.

Han blev ikke glad for dem, men han kom til at respektere dem.

Erano giusti e saggi e non si lasciavano ingannare facilmente da nessun cane.

De var retfærdige og kloge og lod sig ikke let narre af nogen hund.

Giudicavano i cani con calma e punivano solo quando meritavano.

De dømte hunde roligt og straffede kun, når de var fortjente.

Sul ponte inferiore del Narwhal, Buck e Curly incontrarono due cani.

På Narhvalens nederste dæk mødte Buck og Krøllet to hunde.

Uno era un grosso cane bianco proveniente dalle lontane e gelide isole Spitzbergen.

Den ene var en stor hvid hund fra det fjerne, iskolde Spitsbergen.

In passato aveva navigato su una baleniera e si era unito a un gruppo di ricerca.

Han havde engang sejlet med en hvalfanger og været med i en undersøgelsesgruppe.

Era amichevole, ma astuto, subdolo e subdolo.

Han var venlig på en snedig, underhånden og snu måde.

Al loro primo pasto, rubò un pezzo di carne dalla padella di Buck.

Ved deres første måltid stjal han et stykke kød fra Bucks pande.

Buck saltò per punirlo, ma la frusta di François colpì per prima.

Buck sprang for at straffe ham, men François' pisk ramte først.

Il ladro bianco urlò e Buck reclamò l'osso rubato.

Den hvide tyv gøs, og Buck genvandt det stjålne ben.

Questa correttezza colpì Buck e François si guadagnò il suo rispetto.

Den retfærdighed imponerede Buck, og François fortjente hans respekt.

L'altro cane non lo salutò e non volle nessuno in cambio.

Den anden hund hilste ikke og ønskede ingen tilbage.

Non rubava il cibo, né annusava con interesse i nuovi arrivati.

Han stjal ikke mad og snusede heller ikke interesseret til de nyankomne.

Questo cane era cupo e silenzioso, cupo e lento nei movimenti.

Denne hund var dyster og stille, dyster og langsomt bevægende.

Avvertì Curly di stargli lontano semplicemente lanciandole un'occhiata fulminante.

Han advarede Krøllet om at holde sig væk ved blot at stirre på hende.

Il suo messaggio era chiaro: lasciatemi in pace o saranno guai.

Hans budskab var klart: lad mig være, ellers bliver der problemer.

Si chiamava Dave e non faceva quasi caso a ciò che lo circondava.

Han hed Dave, og han bemærkede knap nok sine omgivelser.

Dormiva spesso, mangiava tranquillamente e sbadigliava di tanto in tanto.

Han sov ofte, spiste stille og gabte af og til.

La nave ronzava costantemente con il rumore dell'elica sottostante.

Skibet brummede konstant med den bankende propel nedenunder.

I giorni passarono senza grandi cambiamenti, ma il clima si fece più freddo.

Dagene gik uden store forandringer, men vejret blev koldere.

Buck se lo sentiva nelle ossa e notò che anche gli altri lo sentivano.

Buck kunne mærke det i sine knogler, og bemærkede at de andre også gjorde.

Poi una mattina l'elica si fermò e tutto rimase immobile.

Så en morgen stoppede propellen, og alt var stille.

Un'energia percorse la nave: qualcosa era cambiato.

En energi skyllede gennem skibet; noget havde ændret sig.

François scese, li mise al guinzaglio e li portò su.

François kom ned, satte dem i snore og bragte dem op.

Buck uscì e trovò il terreno morbido, bianco e freddo.

Buck trådte ud og fandt jorden blød, hvid og kold.

Lui fece un balzo indietro allarmato e sbuffò in preda alla confusione più totale.

Han sprang tilbage i alarm og fnøs i total forvirring.

Una strana sostanza bianca cadeva dal cielo grigio.

Mærkelige hvide ting faldt ned fra den grå himmel.

Si scosse, ma i fiocchi bianchi continuavano a cadergli addosso.

Han rystede sig, men de hvide flager blev ved med at lande på ham.

Annusò attentamente la sostanza bianca e ne leccò alcuni pezzetti ghiacciati.

Han snusede forsigtigt til den hvide masse og slikkede på et par iskolde stykker.

La polvere bruciò come il fuoco e poi svanì subito dalla sua lingua.

Pulveret brændte som ild og forsvandt derefter lige fra hans tunge.

Buck ci riprovò, sconcertato dallo strano freddo che svaniva.

Buck prøvede igen, forvirret over den mærkelige, forsvindende kulde.

Gli uomini intorno a lui risero e Buck si sentì in imbarazzo.

Mændene omkring ham lo, og Buck følte sig flov.

Non sapeva perché, ma si vergognava della sua reazione.

Han vidste ikke hvorfor, men han skammede sig over sin reaktion.

Era la sua prima esperienza con la neve e la cosa lo confuse.

Det var hans første oplevelse med sne, og det forvirrede ham.

La legge del bastone e della zanna
Loven om kølle og hugtand

Il primo giorno di Buck sulla spiaggia di Dyea è stato un terribile incubo.
Bucks første dag på Dyea-stranden føltes som et forfærdeligt mareridt.

Ogni ora portava con sé nuovi shock e cambiamenti inaspettati per Buck.
Hver time bragte nye chok og uventede forandringer for Buck.

Era stato strappato alla civiltà e gettato nel caos più totale.
Han var blevet trukket ud af civilisationen og kastet ud i vildt kaos.

Questa non era una vita soleggiata e pigra, fatta di noia e riposo.
Dette var ikke et solrigt, dovent liv med kedsomhed og hvile.

Non c'era pace, né riposo, né momento senza pericolo.
Der var ingen fred, ingen hvile og intet øjeblik uden fare.

La confusione regnava su tutto e il pericolo era sempre vicino.
Forvirring herskede over alt, og faren var altid nær.

Buck doveva stare attento perché quegli uomini e quei cani erano diversi.
Buck måtte være opmærksom, fordi disse mænd og hunde var forskellige.

Non provenivano da città; erano selvaggi e spietati.
De var ikke fra byer; de var vilde og uden nåde.

Questi uomini e questi cani conoscevano solo la legge del bastone e della zanna.
Disse mænd og hunde kendte kun loven om kølle og hugtand.

Buck non aveva mai visto dei cani combattere come questi feroci husky.
Buck havde aldrig set hunde slås som disse vilde huskyer.

La sua prima esperienza gli insegnò una lezione che non avrebbe mai dimenticato.
Hans første oplevelse lærte ham en lektie, han aldrig ville glemme.

Fu una fortuna che non fosse lui, altrimenti sarebbe morto anche lui.

Han var heldig, at det ikke var ham, ellers var han også død.

Curly era quello che soffriva, mentre Buck osservava e imparava.

Det var Krøllet, der led, mens Buck så på og lærte.

Si erano accampati vicino a un deposito costruito con tronchi.

De havde slået lejr i nærheden af en butik bygget af tømmerstokke.

Curly cercò di essere amichevole con un grosso husky simile a un lupo.

Krøllet forsøgte at være venlig over for en stor, ulvelignende husky.

L'husky era più piccolo di Curly, ma aveva un aspetto selvaggio e cattivo.

Huskyen var mindre end Krøllet, men så vild og ond ud.

Senza preavviso, lui saltò su e le tagliò il viso.

Uden varsel sprang han op og skar hendes ansigt op.

Con un solo movimento i suoi denti le tagliarono l'occhio fino alla mascella.

Hans tænder skar fra hendes øje ned til hendes kæbe i ét træk.

Ecco come combattevano i lupi: colpivano velocemente e saltavano via.

Sådan kæmpede ulve – de slog hurtigt og sprang væk.

Ma c'era molto di più da imparare da quell'unico attacco.

Men der var mere at lære end af det ene angreb.

Decine di husky si precipitarono dentro e formarono un cerchio silenzioso.

Snesevis af huskyer stormede ind og dannede en stille cirkel.

Osservavano attentamente e si leccavano le labbra per la fame.

De så nøje til og slikkede sig om læberne af sult.

Buck non capiva il loro silenzio né i loro occhi ansiosi.

Buck forstod ikke deres tavshed eller deres ivrige øjne.

Curly si lanciò ad attaccare l'husky una seconda volta.

Krøllet skyndte sig at angribe huskyen en gang til.

Usò il suo petto per buttarla a terra con un movimento violento.

Han brugte brystet til at vælte hende med et kraftigt træk.

Cadde su un fianco e non riuscì più a rialzarsi.

Hun faldt om på siden og kunne ikke komme op igen.

Era proprio quello che gli altri aspettavano da tempo.

Det var det, de andre havde ventet på hele tiden.

Gli husky le saltarono addosso, guaindo e ringhiando freneticamente.

Huskierne hoppede på hende, mens de gøede og knurrede i et vanvid.

Lei urlò mentre la seppellivano sotto una pila di cani.

Hun skreg, da de begravede hende under en bunke hunde.

L'attacco fu così rapido che Buck rimase immobile per lo shock.

Angrebet var så hurtigt, at Buck frøs til af chok.

Vide Spitz tirare fuori la lingua in un modo che sembrava una risata.

Han så Spitz stikke tungen ud på en måde, der lignede en latter.

François afferrò un'ascia e corse dritto verso il gruppo di cani.

François greb en økse og løb direkte ind i flokken af hunde.

Altri tre uomini hanno usato dei manganelli per allontanare gli husky.

Tre andre mænd brugte køller til at hjælpe med at jage huskyerne væk.

In soli due minuti la lotta finì e i cani se ne andarono.

På bare to minutter var kampen slut, og hundene var væk.

Curly giaceva morta nella neve rossa calpestata, con il corpo fatto a pezzi.

Krøllet lå død i den røde, nedtrampede sne, hendes krop revet i stykker.

Un uomo dalla pelle scura era in piedi davanti a lei, maledicendo la scena brutale.

En mørkhudet mand stod over hende og bandede over den brutale scene.

Il ricordo rimase con Buck e ossessionò i suoi sogni notturni.

Mindet blev hos Buck og hjemsøgte hans drømme om natten.

Ecco come funzionava: niente equità, niente seconda possibilità.

Sådan var det her; ingen retfærdighed, ingen anden chance.

Una volta caduto un cane, gli altri lo uccidevano senza pietà.

Når en hund faldt, ville de andre dræbe uden nåde.

Buck decise allora che non si sarebbe mai lasciato cadere.

Buck besluttede sig da for, at han aldrig ville tillade sig selv at falde.

Spitz tirò fuori di nuovo la lingua e rise guardando il sangue.

Spitz stak igen tungen ud og lo af blodet.

Da quel momento in poi, Buck odiò Spitz con tutto il cuore.

Fra det øjeblik hadede Buck Spitz af hele sit hjerte.

Prima che Buck potesse riprendersi dalla morte di Curly, accadde qualcosa di nuovo.

Før Buck kunne komme sig over Krøllets død, skete der noget nyt.

François si avvicinò e legò qualcosa attorno al corpo di Buck.

François kom hen og bandt noget om Bucks krop.

Era un'imbracatura simile a quelle usate per i cavalli al ranch.

Det var en sele ligesom, dem, der bruges på heste på ranchen.

Così come Buck aveva visto lavorare i cavalli, ora era costretto a lavorare anche lui.

Ligesom Buck havde set heste arbejde, skulle han nu også arbejde.

Dovette trascinare François su una slitta nella foresta vicina.

Han måtte trække François på en slæde ind i den nærliggende skov.

Poi dovette trascinare indietro un pesante carico di legna da ardere.

Så måtte han trække et læs tungt brænde tilbage.

Buck era orgoglioso e gli faceva male essere trattato come un animale da lavoro.

Buck var stolt, så det gjorde ondt på ham at blive behandlet som et arbejdsdyr.

Ma era saggio e non cercò di combattere la nuova situazione.

Men han var klog og forsøgte ikke at kæmpe imod den nye situation.

Accettò la sua nuova vita e diede il massimo in ogni compito.

Han accepterede sit nye liv og gav sit bedste i enhver opgave.

Tutto di quel lavoro gli risultava strano e sconosciuto.

Alt ved arbejdet var mærkeligt og uvant for ham.

François era severo e pretendeva obbedienza senza indugio.

François var streng og krævede lydighed uden tøven.

La sua frusta garantiva che ogni comando venisse eseguito immediatamente.

Hans pisk sørgede for, at enhver kommando blev fulgt med det samme.

Dave era il timoniere, il cane più vicino alla slitta dietro Buck.

Dave var hjulmanden, hunden nærmest slæden bag Buck.

Se commetteva un errore, Dave mordeva Buck sulle zampe posteriori.

Dave bed Buck i bagbenene, hvis han lavede en fejl.

Spitz era il cane guida, abile ed esperto nel ruolo.

Spitz var førerhunden, dygtig og erfaren i rollen.

Spitz non riusciva a raggiungere Buck facilmente, ma lo corresse comunque.

Spitz kunne ikke nemt nå Buck, men rettede ham alligevel.

Ringhiava aspramente o tirava la slitta in modi che insegnavano a Buck.

Han knurrede hårdt eller trak slæden på måder, der lærte Buck det.

Grazie a questo addestramento, Buck imparò più velocemente di quanto tutti si aspettassero.

Under denne træning lærte Buck hurtigere end nogen af dem forventede.

Lavorò duramente e imparò sia da François che dagli altri cani.

Han arbejdede hårdt og lærte af både François og de andre hunde.

Quando tornarono, Buck conosceva già i comandi chiave.

Da de vendte tilbage, kendte Buck allerede de vigtigste kommandoer.

Imparò a fermarsi al suono della parola "oh" di François.

Han lærte at stoppe ved lyden af "ho" fra François.

Imparò quando era il momento di tirare la slitta e correre.

Han lærte det, når han skulle trække slæden og løbe.

Imparò a svoltare senza problemi nelle curve del sentiero.

Han lærte at dreje bredt i sving på stien uden problemer.

Imparò anche a evitare Dave quando la slitta scendeva velocemente.

Han lærte også at undgå Dave, når slæden kørte hurtigt ned ad bakke.

"Sono cani molto buoni", disse orgoglioso François a Perrault.

"De er rigtig gode hunde," fortalte François stolt Perrault.

"Quel Buck tira come un dannato, glielo insegno subito."

"Den Buck trækker som bare pokker – jeg lærer ham det så hurtigt."

Più tardi quel giorno, Perrault tornò con altri due husky.

Senere samme dag kom Perrault tilbage med to huskyhunde mere.

Si chiamavano Billee e Joe ed erano fratelli.

Deres navne var Billee og Joe, og de var brødre.

Provenivano dalla stessa madre, ma non erano affatto simili.

De kom fra den samme mor, men var slet ikke ens.

Billee era un tipo dolce e molto amichevole con tutti.

Billee var mild og alt for venlig over for alle.

Joe era l'opposto: silenzioso, arrabbiato e sempre ringhiante.

Joe var det modsatte – stille, vred og altid knurrende.

Buck li salutò amichevolmente e si mantenne calmo con entrambi.

Buck hilste venligt på dem og var rolig over for dem begge.

Dave non prestò loro attenzione e rimase in silenzio come al solito.

Dave lagde ikke mærke til dem og forblev tavs som sædvanlig.

Spitz attaccò prima Billee, poi Joe, per dimostrare la sua superiorità.

Spitz angreb først Billee, derefter Joe, for at vise sin dominans.

Billee scodinzolava e cercava di essere amichevole con Spitz.

Billee logrede med halen og prøvede at være venlig over for Spitz.

Quando questo non funzionò, cercò di scappare.

Da det ikke virkede, prøvede han i stedet at stikke af.

Pianse tristemente quando Spitz lo morse forte sul fianco.

Han græd sørgmodigt, da Spitz bed ham hårdt i siden.

Ma Joe era molto diverso e si rifiutava di farsi prendere in giro.

Men Joe var meget anderledes og nægtede at blive mobbet.

Ogni volta che Spitz si avvicinava, Joe si girava velocemente per affrontarlo.

Hver gang Spitz kom i nærheden, drejede Joe sig hurtigt om for at stå ansigt til ansigt med ham.

La sua pelliccia si drizzò, le sue labbra si arricciarono e i suoi denti schioccarono selvaggiamente.

Hans pels strittede, hans læber krøllede sig sammen, og hans tænder knækkede vildt.

Gli occhi di Joe brillavano di paura e rabbia, sfidando Spitz a colpire.

Joes øjne glimtede af frygt og raseri og udfordrede Spitz til at slå til.

Spitz abbandonò la lotta e si voltò, umiliato e arrabbiato.

Spitz opgav kampen og vendte sig væk, ydmyget og vred.

Sfogò la sua frustrazione sul povero Billee e lo cacciò via.

Han lod sin frustration ud over stakkels Billee og jog ham væk.

Quella sera Perrault aggiunse un altro cane alla squadra.

Den aften tilføjede Perrault endnu en hund til holdet.

Questo cane era vecchio, magro e coperto di cicatrici di battaglia.

Denne hund var gammel, mager og dækket af kampar.

Gli mancava un occhio, ma l'altro brillava di potere.

Det ene af hans øjne manglede, men det andet glimtede af kraft.

Il nome del nuovo cane era Solleks, che significa "l'Arrabbiato".

Den nye hunds navn var Solleks, hvilket betød den Vrede.

Come Dave, Solleks non chiedeva nulla agli altri e non dava nulla in cambio.

Ligesom Dave bad Solleks ikke andre om noget og gav intet tilbage.

Quando Solleks entrò lentamente nell'accampamento, persino Spitz rimase lontano.

Da Solleks langsomt gik ind i lejren, holdt selv Spitz sig væk.

Aveva una strana abitudine che Buck ebbe la sfortuna di scoprire.

Han havde en mærkelig vane, som Buck var uheldig at opdage.

Solleks detestava essere avvicinato dal lato in cui era cieco.

Solleks hadede at blive kontaktet fra den side, hvor han var blind.

Buck non lo sapeva e commise quell'errore per sbaglio.

Buck vidste ikke dette og begik den fejl ved et uheld.

Solleks si voltò di scatto e colpì la spalla di Buck in modo profondo e rapido.

Solleks snurrede rundt og skar Bucks skulder dybt og hurtigt.

Da quel momento in poi, Buck non si avvicinò mai più al lato cieco di Solleks.

Fra det øjeblik kom Buck aldrig i nærheden af Solleks' blinde side.

Non ebbero mai più problemi per il resto del tempo che trascorsero insieme.

De havde aldrig problemer igen resten af deres tid sammen.

Solleks voleva solo essere lasciato solo, come il tranquillo Dave.

Solleks ville bare være i fred, ligesom den stille Dave.

Ma Buck avrebbe scoperto in seguito che ognuno di loro aveva un altro obiettivo segreto.

Men Buck skulle senere finde ud af, at de hver især havde et andet hemmeligt mål.

Quella notte Buck si trovò ad affrontare una nuova e preoccupante sfida: come dormire.

Den nat stod Buck over for en ny og bekymrende udfordring – hvordan han skulle sove.

La tenda era illuminata caldamente dalla luce delle candele nel campo innevato.

Teltet glødede varmt af stearinlysets skær i den snedækkede mark.

Buck entrò, pensando che lì avrebbe potuto riposare come prima.

Buck gik indenfor og tænkte, at han kunne hvile sig der ligesom før.

Ma Perrault e François gli urlarono contro e gli tirarono delle padelle.

Men Perrault og François råbte ad ham og kastede med pander.

Sconvolto e confuso, Buck corse fuori nel freddo gelido.

Chokeret og forvirret løb Buck ud i den iskolde kulde.

Un vento gelido gli pungeva la spalla ferita e gli congelava le zampe.

En bitter vind stak i hans sårede skulder og frøs hans poter.

Si sdraiò sulla neve e cercò di dormire all'aperto.

Han lagde sig ned i sneen og prøvede at sove ude i det fri.

Ma il freddo lo costrinse presto a rialzarsi, tremando forte.

Men kulden tvang ham snart til at rejse sig igen, rystende voldsomt.

Vagò per l'accampamento, cercando di trovare un posto più caldo.

Han vandrede gennem lejren og forsøgte at finde et varmere sted.

Ma ogni angolo era freddo come quello precedente.

Men hvert hjørne var lige så koldt som det foregående.

A volte dei cani feroci gli saltavano addosso dall'oscurità.

Nogle gange sprang vilde hunde på ham fra mørket.

Buck drizzò il pelo, scoprì i denti e ringhiò in tono ammonitore.

Buck strittede i pelsen, blottede tænderne og knurrede advarende.

Lui stava imparando in fretta e gli altri cani si sono subito tirati indietro.

Han lærte hurtigt, og de andre hunde bakkede hurtigt væk.

Tuttavia, non aveva un posto dove dormire e non aveva idea di cosa fare.

Alligevel havde han intet sted at sove, og ingen anelse om, hvad han skulle gøre.

Alla fine gli venne in mente un pensiero: andare a dare un'occhiata ai suoi compagni di squadra.

Endelig slog ham en tanke – se til sine holdkammerater.

Ritornò nella loro zona e rimase sorpreso nel constatare che non c'erano più.

Han vendte tilbage til deres område og blev overrasket over at finde dem væk.

Cercò di nuovo nell'accampamento, ma ancora non riuscì a trovarli.

Igen gennemsøgte han lejren, men kunne stadig ikke finde dem.

Sapeva che loro non potevano stare nella tenda, altrimenti ci sarebbe stato anche lui.

Han vidste, at de ikke kunne være i teltet, ellers ville han også være det.

E allora, dove erano finiti tutti i cani in quell'accampamento ghiacciato?

Så hvor var alle hundene blevet af i denne frosne lejr?

Buck, infreddolito e infelice, girò lentamente intorno alla tenda.

Buck, kold og ulykkelig, cirklede langsomt rundt om teltet.

All'improvviso, le sue zampe anteriori sprofondarono nella neve soffice e lo spaventarono.

Pludselig sank hans forben ned i den bløde sne og forskrækkede ham.

Qualcosa si mosse sotto i suoi piedi e lui fece un salto indietro per la paura.

Noget vrikkede sig under hans fødder, og han sprang tilbage i frygt.

Ringhiava e ringhiava, non sapendo cosa si nascondesse sotto la neve.

Han knurrede og knurrede, uden at vide, hvad der lå under sneen.

Poi udì un piccolo abbaio amichevole che placò la sua paura.

Så hørte han et venligt lille gøen, der lindrede hans frygt.

Annusò l'aria e si avvicinò per vedere cosa fosse nascosto.

Han snusede i luften og kom tættere på for at se, hvad der gemte sig.

Sotto la neve, rannicchiata in una calda palla, c'era la piccola Billee.

Under sneen, krøllet sammen til en varm kugle, lå lille Billee.

Billee scodinzolò e leccò il muso di Buck per salutarlo.

Billee logrede med halen og slikkede Bucks ansigt for at hilse på ham.

Buck vide come Billee si era costruito un posto per dormire nella neve.

Buck så, hvordan Billee havde lavet en soveplads i sneen.

Aveva scavato e sfruttato il suo calore per scaldarsi.

Han havde gravet sig ned og brugt sin egen varme til at holde sig varm.

Buck aveva imparato un'altra lezione: ecco come dormivano i cani.

Buck havde lært endnu en lektie – det var sådan hundene sov.

Scelse un posto e cominciò a scavare la sua buca nella neve.

Han valgte et sted og begyndte at grave sit eget hul i sneen.

All'inizio si muoveva troppo e sprecava energie.

I starten bevægede han sig for meget rundt og spildte energi.

Ma ben presto il suo corpo riscaldò lo spazio e si sentì al sicuro.

Men snart varmede hans krop rummet op, og han følte sig tryg.

Si rannicchiò forte e poco dopo si addormentò profondamente.

Han krøllede sig tæt sammen, og inden længe sov han dybt.

La giornata era stata lunga e dura e Buck era esausto.

Dagen havde været lang og hård, og Buck var udmattet.

Dormì profondamente e comodamente, anche se fece sogni selvaggi.

Han sov dybt og behageligt, selvom hans drømme var vilde.

Ringhiava e abbaiava nel sonno, contorcendosi mentre sognava.

Han knurrede og gøede i søvne, og vred sig, mens han drømte.

Buck non si svegliò finché l'accampamento non cominciò a prendere vita.

Buck vågnede ikke, før lejren allerede var begyndt at vågne til liv.

All'inizio non sapeva dove si trovasse o cosa fosse successo.

I starten vidste han ikke, hvor han var, eller hvad der var sket.

La neve era caduta durante la notte e aveva seppellito completamente il suo corpo.

Sneen var faldet natten over og begravede hans krop fuldstændigt.

La neve lo circondava, fitta su tutti i lati.

Sneen pressede sig tæt omkring ham, tæt på alle sider.

All'improvviso un'ondata di paura percorse tutto il corpo di Buck.

Pludselig skyllede en bølge af frygt gennem hele Bucks krop.

Era la paura di rimanere intrappolati, una paura che proveniva da istinti profondi.

Det var frygten for at blive fanget, en frygt fra dybe instinkter.

Sebbene non avesse mai visto una trappola, la paura era viva dentro di lui.

Selvom han aldrig havde set en fælde, levede frygten indeni ham.

Era un cane addomesticato, ma ora i suoi vecchi istinti selvaggi si stavano risvegliando.

Han var en tam hund, men nu vågnede hans gamle vilde instinkter.

I muscoli di Buck si irrigidirono e il pelo gli si rizzò su tutta la schiena.

Bucks muskler spændtes, og hans pels rejste sig over hele ryggen.

Ringhiò furiosamente e balzò in piedi nella neve.

Han knurrede voldsomt og sprang direkte op gennem sneen.

La neve volava in ogni direzione mentre lui irrompeva nella luce del giorno.

Sneen fløj i alle retninger, da han brød ud i dagslyset.

Ancora prima di atterrare, Buck vide l'accampamento disteso davanti a lui.

Selv før landing så Buck lejren brede sig ud foran sig.

Ricordò tutto del giorno prima, tutto in una volta.

Han huskede alt fra dagen før, på én gang.

Ricordava di aver passeggiato con Manuel e di essere finito in quel posto.

Han huskede, at han slentrede med Manuel og endte på dette sted.

Ricordava di aver scavato la buca e di essersi addormentato al freddo.

Han huskede, at han havde gravet hullet og faldet i søvn i kulden.

Ora era sveglio e il mondo selvaggio intorno a lui era limpido.

Nu var han vågen, og den vilde verden omkring ham var klar.

Un grido di François annunciò l'improvvisa apparizione di Buck.

Et råb fra François hyldede Bucks pludselige tilsynekomst.

"Cosa ho detto?" gridò a gran voce il conducente del cane a Perrault.

"Hvad sagde jeg?" råbte hundeføreren højt til Perrault.

"Quel Buck impara sicuramente in fretta", ha aggiunto François.

"Den Buck lærer helt sikkert hurtigt," tilføjede François.

Perrault annuì gravemente, visibilmente soddisfatto del risultato.

Perrault nikkede alvorligt, tydeligt tilfreds med resultatet.

In qualità di corriere del governo canadese, trasportava dispacci.

Som kurer for den canadiske regering bar han forsendelser.

Era ansioso di trovare i cani migliori per la sua importante missione.

Han var ivrig efter at finde de bedste hunde til sin vigtige mission.

Ora si sentiva particolarmente contento che Buck facesse parte della squadra.

Han følte sig særligt glad nu, da Buck var en del af holdet.

Nel giro di un'ora, alla squadra furono aggiunti altri tre husky.

Tre yderligere huskies blev føjet til holdet inden for en time.

Ciò ha portato il numero totale dei cani della squadra a nove.

Det bragte det samlede antal hunde på holdet op på ni.

Nel giro di quindici minuti tutti i cani erano imbracati.

Inden for femten minutter var alle hundene i deres seler.

La squadra di slitte stava risalendo il sentiero verso Dyea Cañon.

Slædeholdet svingede op ad stien mod Dyea Cañon.

Buck era contento di andarsene, anche se il lavoro che lo attendeva era duro.

Buck var glad for at skulle afsted, selvom arbejdet forude var hårdt.

Scoprì di non disprezzare particolarmente né il lavoro né il freddo.

Han opdagede, at han ikke særlig foragtede arbejdet eller kulden.

Fu sorpreso dall'entusiasmo che pervadeva tutta la squadra.

Han var overrasket over den iver, der fyldte hele holdet.

Ancora più sorprendente fu il cambiamento avvenuto in Dave e Solleks.

Endnu mere overraskende var den forandring, der var kommet over Dave og Solleks.

Questi due cani erano completamente diversi quando venivano imbrigliati.

Disse to hunde var helt forskellige, da de var spændt i sele.

La loro passività e la loro disattenzione erano completamente scomparse.

Deres passivitet og mangel på bekymring var fuldstændig forsvundet.

Erano attenti e attivi, desiderosi di svolgere bene il loro lavoro.

De var årvågne og aktive og ivrige efter at udføre deres arbejde godt.

Si irritavano ferocemente per qualsiasi cosa provocasse ritardi o confusione.

De blev voldsomt irriterede over alt, der forårsagede forsinkelse eller forvirring.

Il duro lavoro sulle redini era il centro del loro intero essere.

Det hårde arbejde med tøjlerne var centrum for hele deres væsen.

Sembrava che l'unica cosa che gli piacesse davvero fosse tirare la slitta.

Slædetrækning syntes at være det eneste, de virkelig nød.

Dave era in fondo al gruppo, il più vicino alla slitta.

Dave var bagest i gruppen, tættest på selve slæden.

Buck fu messo davanti a Dave e Solleks superò Buck.

Buck blev placeret foran Dave, og Solleks trak foran Buck.

Il resto dei cani era disposto in fila indiana davanti a loro.

Resten af hundene var trukket ud foran i én række.

La posizione di testa in prima linea era occupata da Spitz.

Den førende position i front blev udfyldt af Spitz.

Buck era stato messo tra Dave e Solleks per essere istruito.

Buck var blevet placeret mellem Dave og Solleks for at få instruktion.

Lui imparava in fretta e gli insegnanti erano risoluti e capaci.

Han var hurtig til at lære, og de var bestemte og dygtige lærere.

Non permisero mai a Buck di restare a lungo nell'errore.

De lod aldrig Buck forblive på vildspor længe.

Quando necessario, impartivano le lezioni con denti affilati.

De underviste deres lektioner med skarpe tænder, når det var nødvendigt.

Dave era giusto e dimostrava una saggezza pacata e seria.

Dave var retfærdig og udviste en stille, seriøs form for visdom.

Non mordeva mai Buck senza una buona ragione.

Han bed aldrig Buck uden en god grund til det.

Ma non mancava mai di mordere quando Buck aveva bisogno di essere corretto.

Men han undlod altid at bide, når Buck havde brug for at blive irettesat.

La frusta di François era sempre pronta e sosteneva la loro autorità.

François' pisk var altid klar og bakkede deres autoritet op.

Buck scoprì presto che era meglio obbedire che reagire.

Buck fandt snart ud af, at det var bedre at adlyde end at kæmpe imod.

Una volta, durante un breve riposo, Buck rimase impigliato nelle redini.

Engang, under en kort pause, viklede Buck sig ind i tøjlerne.

Ritardò la partenza e confuse i movimenti della squadra.

Han forsinkede starten og forstyrrede holdets bevægelser.

Dave e Solleks si avventarono su di lui e lo picchiarono duramente.

Dave og Solleks fløj efter ham og gav ham et hårdt tæsk.

La situazione peggiorò ulteriormente, ma Buck imparò bene la lezione.

Virvaret blev kun værre, men Buck lærte sin lektie godt.

Da quel momento in poi tenne le redini tese e lavorò con attenzione.

Fra da af holdt han tøjlerne stram og arbejdede omhyggeligt.

Prima che la giornata finisse, Buck aveva portato a termine gran parte del suo compito.

Inden dagen var omme, havde Buck mestret en stor del af sin opgave.

I suoi compagni di squadra quasi smisero di correggerlo o di morderlo.

Hans holdkammerater holdt næsten op med at rette eller bide ham.

La frusta di François schioccava nell'aria sempre meno spesso.

François' pisk knaldede sjældnere og sjældnere gennem luften.

Perrault sollevò addirittura i piedi di Buck ed esaminò attentamente ogni zampa.

Perrault løftede endda Bucks fødder og undersøgte omhyggeligt hver pote.

Era stata una giornata di corsa dura, lunga ed estenuante per tutti loro.

Det havde været en hård løbetur, lang og udmattende for dem alle.

Risalirono il Cañon, attraversarono Sheep Camp e superarono le Scales.

De rejste op ad Cañon, gennem Sheep Camp og forbi Scales.

Superarono il limite della vegetazione arborea, poi ghiacciai e cumuli di neve alti diversi metri.

De krydsede trægrænsen, derefter gletsjere og snedriver, der var mange meter dybe.

Scalarono il grande e freddo Chilkoot Divide.

De besteg den store, kolde og uhyggelige Chilkoot-kløft.

Quella cresta elevata si ergeva tra l'acqua salata e l'interno ghiacciato.

Den høje højderyg stod mellem saltvand og det frosne indre.

Le montagne custodivano il triste e solitario Nord con ghiaccio e ripide salite.

Bjergene beskyttede det triste og ensomme Nord med is og stejle stigninger.

Scesero rapidamente lungo una lunga catena di laghi sotto la dorsale.

De havde god tid ned ad en lang kæde af søer nedenfor kløften.

Questi laghi riempivano gli antichi crateri di vulcani spenti.
Disse søer fyldte de gamle kratere af udslukte vulkaner.
Quella notte tardi raggiunsero un grande accampamento presso il lago Bennett.
Sent på aftenen nåede de en stor lejr ved Lake Bennett.
Migliaia di cercatori d'oro erano lì, intenti a costruire barche per la primavera.
Tusindvis af guldsøgere var der og byggede både til foråret.
Il ghiaccio si sarebbe presto rotto e dovevano essere pronti.
Isen ville snart bryde op, og de måtte være klar.
Buck scavò la sua buca nella neve e cadde in un sonno profondo.
Buck gravede sit hul i sneen og faldt i en dyb søvn.
Dormiva come un lavoratore, esausto dopo una dura giornata di lavoro.
Han sov som en arbejder, udmattet efter den hårde dags slid.
Ma venne strappato al sonno troppo presto, nell'oscurità.
Men for tidligt i mørket blev han hevet ud af søvnen.
Fu nuovamente imbrigliato insieme ai suoi compagni e attaccato alla slitta.
Han blev spændt for sammen med sine kammerater igen og fastgjort til slæden.
Quel giorno percorsero quaranta miglia, perché la neve era ben calpestata.
Den dag tilbagelagde de fyrre mil, fordi sneen var godt trådt ned.
Il giorno dopo, e per molti giorni a seguire, la neve era soffice.
Den næste dag, og i mange dage efter, var sneen blød.
Dovettero farsi strada da soli, lavorando di più e muovendosi più lentamente.
De måtte selv lave stien, arbejde hårdere og bevæge sig langsommere.
Di solito, Perrault camminava davanti alla squadra con le ciaspole palmate.
Normalt gik Perrault foran holdet med snesko med svømmehud.

I suoi passi compattavano la neve, facilitando lo spostamento della slitta.

Hans skridt pakket sneen, hvilket gjorde det lettere for slæden at bevæge sig.

François, che era al timone della barca a vela, a volte prendeva il comando.

François, der styrede fra gee-pole, tog sommetider over.

Ma era raro che François prendesse l'iniziativa

Men det var sjældent, at François tog føringen

perché Perrault aveva fretta di consegnare le lettere e i pacchi.

fordi Perrault havde travlt med at omdele brevene og pakkerne.

Perrault era orgoglioso della sua conoscenza della neve, e in particolare del ghiaccio.

Perrault var stolt af sin viden om sne, og især is.

Questa conoscenza era essenziale perché il ghiaccio autunnale era pericolosamente sottile.

Den viden var essentiel, fordi efterårsisen var faretruende tynd.

Dove l'acqua scorreva rapidamente sotto la superficie non c'era affatto ghiaccio.

Hvor vandet fløed hurtigt under overfladen, var der slet ingen is.

Giorno dopo giorno, la stessa routine si ripeteva senza fine.

Dag efter dag gentog den samme rutine sig uden ende.

Buck lavorava senza sosta con le redini, dall'alba alla sera.

Buck sled uendeligt i tøjlerne fra daggry til nat.

Lasciarono l'accampamento al buio, molto prima che sorgesse il sole.

De forlod lejren i mørket, længe før solen var stået op.

Quando spuntò l'alba, avevano già percorso molti chilometri.

Da dagslyset kom, var der allerede mange kilometer bag dem.

Si accamparono dopo il tramonto, mangiando pesce e scavando buche nella neve.

De slog lejr efter mørkets frembrud, spiste fisk og gravede sig ned i sneen.

Buck era sempre affamato e non era mai veramente soddisfatto della sua razione.

Buck var altid sulten og aldrig helt tilfreds med sin ration.

Riceveva ogni giorno mezzo chilo di salmone essiccato.

Han fik halvandet pund tørret laks hver dag.

Ma il cibo sembrò svanire dentro di lui, lasciandogli solo la fame.

Men maden syntes at forsvinde indeni ham og efterlod sulten.

Soffriva di continui morsi della fame e sognava di avere più cibo.

Han led af konstant sult og drømte om mere mad.

Gli altri cani hanno ricevuto solo mezzo chilo di cibo, ma sono rimasti forti.

De andre hunde fik kun et pund mad, men de forblev stærke.

Erano più piccoli ed erano nati in una società nordica.

De var mindre og var født ind i det nordlige liv.

Perse rapidamente la pignoleria che aveva caratterizzato la sua vecchia vita.

Han mistede hurtigt den omhu, der havde præget hans gamle liv.

Fino a quel momento era stato un mangiatore prelibato, ma ora non gli era più possibile.

Han havde været en lækkerbisken, men nu var det ikke længere muligt.

I suoi compagni arrivarono primi e gli rubarono la razione rimasta.

Hans venner blev først færdige og røvede ham for hans uafsluttede ration.

Una volta cominciati, non c'era più modo di difendere il cibo da loro.

Da de først var begyndt, var der ingen måde at forsvare hans mad mod dem.

Mentre lui lottava contro due o tre cani, gli altri rubarono il resto.

Mens han slog to eller tre hunde væk, stjal de andre resten.

Per risolvere il problema, cominciò a mangiare velocemente come mangiavano gli altri.

For at løse dette begyndte han at spise lige så hurtigt som de andre spiste.

La fame lo spingeva così forte che arrivò persino a prendere del cibo non suo.

Sulten pressede ham så hårdt, at han endda spiste mad, der ikke var sin egen.

Osservò gli altri e imparò rapidamente dalle loro azioni.

Han iagttog de andre og lærte hurtigt af deres handlinger.

Vide Pike, un nuovo cane, rubare una fetta di pancetta a Perrault.

Han så Pike, en ny hund, stjæle et stykke bacon fra Perrault.

Pike aveva aspettato che Perrault gli voltasse le spalle per rubare la pagnotta.

Pike havde ventet, indtil Perrault var vendt ryggen til, for at stjæle baconet.

Il giorno dopo, Buck copiò Pike e rubò l'intero pezzo.

Næste dag kopierede Buck Pike og stjal hele stykket.

Seguì un gran tumulto, ma Buck non fu sospettato.

Et stort oprør fulgte, men Buck var ikke mistænkt.

Al suo posto venne punito Dub, un cane goffo che veniva sempre beccato.

Dub, en klodset hund der altid blev fanget, blev i stedet straffet.

Quel primo furto fece di Buck un cane adatto a sopravvivere al Nord.

Det første tyveri markerede Buck som en hund, der var egnet til at overleve i Norden.

Ha dimostrato di sapersi adattare alle nuove condizioni e di saper imparare rapidamente.

Han viste, at han kunne tilpasse sig nye forhold og lære hurtigt.

Senza tale adattabilità, sarebbe morto rapidamente e gravemente.

Uden en sådan tilpasningsevne ville han være død hurtigt og alvorligt.

Segnò anche il crollo della sua natura morale e dei suoi valori passati.

Det markerede også et sammenbrud af hans moralske natur og tidligere værdier.

Nel Southland aveva vissuto secondo la legge dell'amore e della gentilezza.

I Sydlandet havde han levet under kærlighedens og venlighedens lov.

Lì aveva senso rispettare la proprietà e i sentimenti degli altri cani.

Der gav det mening at respektere ejendom og andre hundes følelser.

Ma i Northland seguivano la legge del bastone e la legge della zanna.

Men Northland fulgte kølleloven og hugtandloven.

Chiunque rispettasse i vecchi valori era uno sciocco e avrebbe fallito.

Den, der respekterede gamle værdier her, var tåbelig og ville fejle.

Buck non rifletté su tutto questo nella sua mente.

Buck tænkte ikke alt dette igennem i sit hoved.

Era in forma e quindi si adattò senza pensarci due volte.

Han var i form, så han tilpassede sig uden at behøve at tænke.

In tutta la sua vita non era mai fuggito da una rissa.

Hele sit liv var han aldrig løbet væk fra en kamp.

Ma la mazza di legno dell'uomo con il maglione rosso cambiò la regola.

Men trækøllen til manden i den røde sweater ændrede den regel.

Ora seguiva un codice più profondo e antico, inscritto nel suo essere.

Nu fulgte han en dybere, ældre kodeks skrevet ind i hans væsen.

Non rubava per piacere, ma per il dolore della fame.

Han stjal ikke af nydelse, men af sultens smerte.

Non rubava mai apertamente, ma rubava con astuzia e attenzione.

Han røvede aldrig åbenlyst, men stjal med list og omhu.

Agì per rispetto verso la clava di legno e per paura delle zanne.

Han handlede af respekt for trækøllen og frygt for hugtand.

In breve, ha fatto ciò che era più facile e sicuro che non farlo.

Kort sagt, han gjorde det, der var nemmere og sikrere end ikke at gøre det.

Il suo sviluppo, o forse il suo ritorno ai vecchi istinti, fu rapido.

Hans udvikling – eller måske hans tilbagevenden til gamle instinkter – var hurtig.

I suoi muscoli si indurirono fino a diventare forti come il ferro.

Hans muskler blev hårde, indtil de føltes stærke som jern.

Non gli importava più del dolore, a meno che non fosse grave.

Han var ligeglad med smerten længere, medmindre den var alvorlig.

Divenne efficiente dentro e fuori, senza sprecare nulla.

Han blev effektiv både indvendigt og udvendigt og spildte ingenting.

Poteva mangiare cose disgustose, marce o difficili da digerire.

Han kunne spise ting, der var modbydelige, rådne eller svære at fordøje.

Qualunque cosa mangiasse, il suo stomaco ne sfruttava ogni singolo pezzetto di valore.

Uanset hvad han spiste, brugte hans mave hver en smule af værdi.

Il suo sangue trasportava i nutrienti in tutto il suo potente corpo.

Hans blod bar næringsstofferne langt gennem hans kraftfulde krop.

Ciò gli ha permesso di sviluppare tessuti forti che gli hanno conferito un'incredibile resistenza.

Dette opbyggede stærkt væv, der gav ham utrolig udholdenhed.

La sua vista e il suo olfatto diventarono molto più sensibili di prima.

Hans syn og lugtesans blev meget mere følsomme end før.

Il suo udito diventò così acuto che riusciva a percepire anche i suoni più deboli durante il sonno.

Hans hørelse blev så skarp, at han kunne opfatte svage lyde i søvne.

Nei sogni sapeva se quei suoni significavano sicurezza o pericolo.

Han vidste i sine drømme, om lydene betød sikkerhed eller fare.

Imparò a mordere con i denti il ghiaccio tra le dita dei piedi.

Han lærte at bide i isen mellem tæerne med tænderne.

Se una pozza d'acqua si ghiacciava, lui rompeva il ghiaccio con le gambe.

Hvis et vandhul frøs til, ville han bryde isen med benene.

Si impennò e colpì duramente il ghiaccio con gli arti anteriori rigidi.

Han rejste sig og slog hårdt i isen med stive forlemmer.

La sua abilità più sorprendente era quella di prevedere i cambiamenti del vento durante la notte.

Hans mest slående evne var at forudsige vindændringer natten over.

Anche quando l'aria era immobile, sceglieva luoghi riparati dal vento.

Selv når luften var stille, valgte han steder i læ for vinden.

Ovunque scavasse il nido, il vento del giorno dopo lo superava.

Hvor end han gravede sin rede, blæste den næste dags vind forbi ham.

Alla fine si ritrovava sempre al sicuro e protetto, al riparo dal vento.

Han endte altid lunt og beskyttet, i læ af vinden.

Buck non solo imparò dall'esperienza: anche il suo istinto tornò.

Buck lærte ikke kun af erfaring – hans instinkter vendte også tilbage.

Le abitudini delle generazioni addomesticate cominciarono a scomparire.

De domesticerede generationers vaner begyndte at falde væk.

Ricordava vagamente i tempi antichi della sua razza.

På vage måder huskede han sin races oldtid.

Ripensò a quando i cani selvatici correvano in branco nelle foreste.

Han tænkte tilbage på dengang vilde hunde løb i flok gennem skovene.

Avevano inseguito e ucciso la loro preda mentre la inseguivano.

De havde jagtet og dræbt deres bytte, mens de løb efter det.

Per Buck fu facile imparare a combattere con forza e velocità.

Det var let for Buck at lære at kæmpe med tænder og fart.

Come i suoi antenati, usava tagli, squarci e schiocchi rapidi.

Han brugte snit, hug og hurtige snaps ligesom sine forfædre.

Quegli antenati si risvegliarono in lui e risvegliarono la sua natura selvaggia.

Disse forfædre rørte sig i ham og vækkede hans vilde natur.

Le loro vecchie abilità gli erano state trasmesse attraverso la linea di sangue.

Deres gamle færdigheder var gået i arv til ham.

Ora i loro trucchi erano suoi, senza bisogno di pratica o sforzo.

Deres tricks var nu hans, uden behov for øvelse eller anstrengelse.

Nelle notti fredde e tranquille, Buck sollevava il naso e ululò.

På stille, kolde nætter løftede Buck næsen og hylede.

Ululò a lungo e profondamente, come facevano i lupi tanto tempo fa.

Han hylede længe og dybt, sådan som ulve havde gjort for længe siden.

Attraverso di lui, i suoi antenati defunti puntarono il naso e ulularono.

Gennem ham pegede hans afdøde forfædre næsen og hylede.

Hanno ululato attraverso i secoli con la sua voce e la sua forma.

De hylede ned gennem århundrederne i hans stemme og skikkelse.

Le sue cadenze erano le loro, vecchi gridi che parlavano di dolore e di freddo.

Hans kadencer var deres, gamle råb, der fortalte om sorg og kulde.

Cantavano dell'oscurità, della fame e del significato dell'inverno.

De sang om mørke, om sult og vinterens betydning.

Buck ha dimostrato come la vita sia plasmata da forze che vanno oltre noi stessi,

Buck beviste, hvordan livet formes af kræfter ud over én selv,

l'antico canto risuonò nelle vene di Buck e si impadronì della sua anima.

den gamle sang steg gennem Buck og greb fat i hans sjæl.

Ritrovò se stesso perché gli uomini avevano trovato l'oro nel Nord.

Han fandt sig selv, fordi mænd havde fundet guld i Norden.

E lo trovò perché Manuel, l'aiutante giardiniere, aveva bisogno di soldi.

Og han fandt sig selv, fordi Manuel, gartnerens hjælper, havde brug for penge.

La Bestia Primordiale Dominante
Det dominerende urdyr

La bestia primordiale dominante era più forte che mai in Buck.
Det dominerende urdyr var lige så stærkt som altid i Buck.

Ma la bestia primordiale dominante era rimasta dormiente in lui.
Men det dominerende urdyr havde ligget i dvale i ham.

La vita sui sentieri era dura, ma rafforzava la bestia che era in Buck.
Livet på stien var hårdt, men det styrkede dyret indeni Buck.

Segretamente la bestia diventava sempre più forte ogni giorno.
Hemmeligt blev udyret stærkere og stærkere for hver dag.

Ma quella crescita interiore è rimasta nascosta al mondo esterno.
Men den indre vækst forblev skjult for omverdenen.

Una forza primordiale calma e silenziosa si stava formando dentro Buck.
En stille og rolig urkraft var ved at bygge sig op inde i Buck.

Una nuova astuzia diede a Buck equilibrio, calma e compostezza.
Ny list gav Buck balance, rolig kontrol og raseri.

Buck si concentrò molto sull'adattamento, senza mai sentirsi completamente rilassato.
Buck fokuserede hårdt på at tilpasse sig og følte sig aldrig helt afslappet.

Evitava i conflitti, non iniziava mai litigi e non cercava mai guai.
Han undgik konflikter, startede aldrig skænderier eller opsøgte problemer.

Ogni mossa di Buck era scandita da una riflessione lenta e costante.
En langsom, støt eftertænksomhed formede hver eneste bevægelse af Buck.

Evitava scelte avventate e decisioni improvvise e sconsiderate.

Han undgik forhastede valg og pludselige, hensynsløse beslutninger.

Sebbene Buck odiasse profondamente Spitz, non gli mostrò alcuna aggressività.

Selvom Buck hadede Spitz dybt, viste han ham ingen aggression.

Buck non provocò mai Spitz e mantenne le sue azioni moderate.

Buck provokerede aldrig Spitz og holdt sine handlinger tilbage.

Spitz, d'altro canto, percepì il pericolo crescente in Buck.

Spitz fornemmede derimod den voksende fare i Buck.

Vedeva Buck come una minaccia e una seria sfida al suo potere.

Han så Buck som en trussel og en alvorlig udfordring for sin magt.

Coglieva ogni occasione per ringhiare e mostrare i suoi denti aguzzi.

Han benyttede enhver lejlighed til at knurre og vise sine skarpe tænder.

Stava cercando di dare inizio allo scontro mortale che sarebbe dovuto avvenire.

Han forsøgte at starte den dødbringende kamp, der måtte komme.

All'inizio del viaggio, tra loro scoppiò quasi una lite.

Tidligt på turen brød der næsten ud et slagsmål mellem dem.

Ma un incidente inaspettato impedì che il combattimento avesse luogo.

Men en uventet ulykke forhindrede kampen.

Quella sera si accamparono sul gelido lago Le Barge.

Den aften slog de lejr ved den bidende kolde sø Le Barge.

La neve cadeva fitta e il vento era tagliente come una lama.

Sneen faldt hårdt, og vinden skar som en kniv.

La notte era scesa troppo in fretta e l'oscurità li aveva avvolti.

Natten kom alt for hurtigt, og mørket omgav dem.

Difficilmente avrebbero potuto scegliere un posto peggiore per riposare.

De kunne næppe have valgt et værre sted at hvile sig.

I cani cercavano disperatamente un posto dove sdraiarsi.

Hundene ledte desperat efter et sted at ligge.

Dietro il piccolo gruppo si ergeva un'alta parete rocciosa.

En høj klippevæg rejste sig stejlt bag den lille gruppe.

Per alleggerire il carico, la tenda era stata lasciata a Dyea.

Teltet var blevet efterladt i Dyea for at lette byrden.

Non avevano altra scelta che accendere il fuoco direttamente sul ghiaccio.

De havde intet andet valg end at lave bålet på selve isen.

Stendevano i loro accappatoi direttamente sul lago ghiacciato.

De bredte deres sveklæder direkte ud på den frosne sø.

Qualche pezzo di legno galleggiante dava loro un po' di fuoco.

Et par drivtømmer gav dem lidt ild.

Ma il fuoco è stato acceso sul ghiaccio e attraverso di esso si è scongelato.

Men ilden blev anlagt på isen og tøede op gennem den.

Alla fine cenarono al buio.

Til sidst spiste de deres aftensmad i mørket.

Buck si rannicchiò accanto alla roccia, al riparo dal vento freddo.

Buck krøllede sig sammen ved siden af klippen, i læ for den kolde vind.

Il posto era così caldo e sicuro che Buck non voleva andarsene.

Stedet var så varmt og trygt, at Buck hadede at flytte væk.

Ma François aveva scaldato il pesce e stava distribuendo le razioni.

Men François havde varmet fisken og var ved at uddele rationer.

Buck finì di mangiare in fretta e tornò a letto.

Buck spiste hurtigt færdig og gik tilbage til sin seng.

Ma Spitz ora giaceva dove Buck aveva preparato il suo letto.

Men Spitz lå nu, hvor Buck havde redt sin seng.

Un ringhio basso avvertì Buck che Spitz si rifiutava di muoversi.

En lav knurren advarede Buck om, at Spitz nægtede at røre sig.

Finora Buck aveva evitato lo scontro con Spitz.

Indtil nu havde Buck undgået denne kamp med Spitz.

Ma nel profondo di Buck la bestia alla fine si liberò.

Men dybt inde i Buck brød udyret endelig løs.

Il furto del suo posto letto era troppo da tollerare.

Tyveriet af hans soveplads var for meget at tolerere.

Buck si lanciò contro Spitz, pieno di rabbia e furore.

Buck kastede sig mod Spitz, fuld af vrede og raseri.

Fino a quel momento Spitz aveva pensato che Buck fosse solo un grosso cane.

Indtil da havde Spitz troet, at Buck bare var en stor hund.

Non pensava che Buck fosse sopravvissuto grazie al suo spirito.

Han troede ikke, at Buck havde overlevet gennem sin ånd.

Si aspettava paura e codardia, non furia e vendetta.

Han forventede frygt og fejhed, ikke raseri og hævn.

François rimase a guardare mentre entrambi i cani schizzavano fuori dal nido in rovina.

François stirrede, mens begge hunde brasede ud af den ødelagte rede.

Capì subito cosa aveva scatenato quella violenta lotta.

Han forstod straks, hvad der havde startet den vilde kamp.

"Aa-ah!" gridò François in sostegno del cane marrone.

"Aa-ah!" råbte François til støtte for den brune hund.

"Dategli una bella lezione! Per Dio, punite quel ladro furbo!"

"Giv ham et tæsk! Ved Gud, straf den luskede tyv!"

Spitz dimostrò altrettanta prontezza e fervore nel combattere.

Spitz viste lige så stor parathed og vild iver efter at kæmpe.

Gridò di rabbia mentre girava velocemente in tondo, cercando un varco.

Han skreg ud i raseri, mens han drejede hurtigt rundt og ledte efter en åbning.

Buck mostrò la stessa fame di combattere e la stessa cautela.

Buck viste den samme kamplyst og den samme forsigtighed.

Anche lui girò intorno al suo avversario, cercando di avere la meglio nella battaglia.

Han omringede også sin modstander i et forsøg på at få overtaget i kampen.

Poi accadde qualcosa di inaspettato e cambiò tutto.

Så skete der noget uventet og ændrede alt.

Quel momento ritardò l'eventuale lotta per la leadership.

Det øjeblik forsinkede den endelige kamp om lederskabet.

Ci sarebbero ancora molti chilometri di sentiero e di lotta da percorrere prima della fine.

Mange kilometer sti og kamp ventede stadig før enden.

Perrault urlò un'imprecazione mentre una mazza colpiva l'osso.

Perrault råbte en ed, mens en kølle slog mod et knogle.

Seguì un acuto grido di dolore, poi il caos esplose tutt'intorno.

Et skarpt smerteskrig fulgte, derefter eksploderede kaos overalt.

Forme scure si muovevano nell'accampamento: husky selvatici, affamati e feroci.

Mørke skikkelser bevægede sig i lejren; vilde huskyer, sultne og voldsomme.

Quattro o cinque dozzine di husky avevano fiutato l'accampamento da molto lontano.

Fire eller fem dusin huskyer havde snuset til lejren langvejs fra.

Si erano introdotti furtivamente mentre i due cani litigavano lì vicino.

De havde sneget sig stille ind, mens de to hunde kæmpede i nærheden.

François e Perrault si lanciarono all'attacco, colpendo con i manganelli gli invasori.

François og Perrault angreb angriberne og svingede køller.

Gli husky affamati mostrarono i denti e si dibatterono freneticamente.

De sultende huskyer viste tænder og kæmpede tilbage i vanvid.

L'odore della carne e del pane li aveva fatti superare ogni paura.

Duften af kød og brød havde drevet dem over al frygt.

Perrault picchiò un cane che aveva nascosto la testa nella buca delle vivande.

Perrault slog en hund, der havde begravet sit hoved i madkassen.

Il colpo fu violento e la scatola si ribaltò, facendo fuoriuscire il cibo.

Slaget ramte hårdt, og kassen vendte om, og maden væltede ud.

Nel giro di pochi secondi, una ventina di bestie feroci si avventarono sul pane e sulla carne.

På få sekunder rev en snese vilde dyr sig ind i brødet og kødet.

I bastoni degli uomini sferrarono un colpo dopo l'altro, ma nessun cane si allontanò.

Herreklubberne landede slag efter slag, men ingen hund vendte sig væk.

Urlavano di dolore, ma continuarono a lottare finché non rimase più cibo.

De hylede af smerte, men kæmpede, indtil der ikke var mad tilbage.

Nel frattempo i cani da slitta erano saltati giù dalle loro culle innevate.

I mellemtiden var slædehundene sprunget fra deres snedækkede senge.

Furono immediatamente attaccati dai feroci e affamati husky.

De blev øjeblikkeligt angrebet af de ondskabsfulde sultne huskyer.

Buck non aveva mai visto prima creature così selvagge e affamate.

Buck havde aldrig set så vilde og sultne skabninger før.

La loro pelle pendeva flaccida, nascondendo a malapena lo scheletro.

Deres hud hang løs og skjulte knap nok deres skeletter.

C'era un fuoco nei loro occhi, per fame e follia

Der var en ild i deres øjne, af sult og vanvid

Non c'era modo di fermarli, di resistere al loro assalto selvaggio.

Der var ingen måde at stoppe dem på; ingen kunne modstå deres vilde fart.

I cani da slitta vennero spinti indietro e premuti contro la parete della scogliera.

Slædehundene blev skubbet tilbage, presset mod klippevæggen.

Tre husky attaccarono Buck contemporaneamente, lacerandogli la carne.

Tre huskyer angreb Buck på én gang og rev ham i kødet.

Il sangue gli colava dalla testa e dalle spalle, dove era stato tagliato.

Blod fossede fra hans hoved og skuldre, hvor han var blevet såret.

Il rumore riempì l'accampamento: ringhi, guaiti e grida di dolore.

Støjen fyldte lejren; knurren, gylpen og smerteskrig.

Billee pianse forte, come al solito, presa dal panico e dalla mischia.

Billee græd højt, som sædvanlig, fanget i kampen og panikken.

Dave e Solleks rimasero fianco a fianco, sanguinanti ma con aria di sfida.

Dave og Solleks stod side om side, blødende men trodsige.

Joe lottava come un demonio, mordendo tutto ciò che gli si avvicinava.

Joe kæmpede som en dæmon og bed i alt, der kom i nærheden.

Con un violento schiocco di mascelle schiacciò la zampa di un husky.

Han knuste en huskys ben med et brutalt smæld med kæberne.

Pike saltò sull'husky ferito e gli ruppe il collo all'istante.

Gedde sprang op på den sårede husky og brækkede dens nakke med det samme.

Buck afferrò un husky per la gola e gli strappò la vena.

Buck greb fat i halsen på en husky og skar en blodåre gennem den.

Il sangue schizzò e il sapore caldo mandò Buck in delirio.

Blod sprøjtede, og den varme smag drev Buck ud i et vanvid.

Si lanciò contro un altro aggressore senza esitazione.

Han kastede sig uden tøven mod en anden angriber.

Nello stesso momento, denti aguzzi si conficcarono nella gola di Buck.

I samme øjeblik gravede skarpe tænder sig ind i Bucks egen hals.

Spitz aveva colpito di lato, attaccando senza preavviso.

Spitz havde slået til fra siden og angrebet uden varsel.

Perrault e François avevano sconfitto i cani rubando il cibo.

Perrault og François havde besejret hundene, der stjal maden.

Ora si precipitarono ad aiutare i loro cani a respingere gli aggressori.

Nu skyndte de sig at hjælpe deres hunde med at bekæmpe angriberne.

I cani affamati si ritirarono mentre gli uomini roteavano i loro manganelli.

De sultende hunde trak sig tilbage, mens mændene svingede deres køller.

Buck riuscì a liberarsi dall'attacco, ma la fuga fu breve.

Buck slap fri fra angrebet, men flugten var kort.

Gli uomini corsero a salvare i loro cani e gli husky tornarono ad attaccarli.

Mændene løb for at redde deres hunde, og huskyerne sværmede igen.

Billee, spaventato e coraggioso, si lanciò nel branco di cani.

Billee, skræmt til mod, sprang ind i hundeflokken.

Ma poi fuggì attraverso il ghiaccio, in preda al terrore e al panico.

Men så flygtede han over isen i rå skræk og panik.

Pike e Dub li seguirono da vicino, correndo per salvarsi la vita.

Pike og Dub fulgte tæt efter og løb for livet.

Il resto della squadra si disperse e li inseguì.

Resten af holdet brød sammen og spredtes og fulgte efter dem.

Buck raccolse le forze per correre, ma poi vide un lampo.

Buck samlede kræfter til at løbe, men så et glimt.

Spitz si lanciò verso Buck, cercando di buttarlo a terra.

Spitz sprang frem mod Bucks side og forsøgte at slå ham ned på jorden.

Sotto quella banda di husky, Buck non avrebbe avuto scampo.

Under den flok huskyer ville Buck ikke have haft nogen flugt.

Ma Buck rimase fermo e si preparò al colpo di Spitz.

Men Buck stod fast og forberedte sig på slaget fra Spitz.

Poi si voltò e corse sul ghiaccio con la squadra in fuga.

Så vendte han sig om og løb ud på isen med det flygtende hold.

Più tardi i nove cani da slitta si radunarono al riparo del bosco.

Senere samledes de ni slædehunde i ly af skoven.

Nessuno li inseguiva più, ma erano malconci e feriti.

Ingen jagtede dem længere, men de blev overfaldet og såret.

Ogni cane presentava delle ferite: quattro o cinque tagli profondi su ogni corpo.

Hver hund havde sår; fire eller fem dybe snitsår på hver krop.

Dub aveva una zampa posteriore ferita e ora faceva fatica a camminare.

Dub havde et skadet bagben og havde svært ved at gå nu.

Dolly, l'ultimo cane arrivato da Dyea, aveva la gola tagliata.

Dolly, den nyeste hund fra Dyea, havde en overskåret hals.

Joe aveva perso un occhio e l'orecchio di Billee era stato tagliato a pezzi

Joe havde mistet et øje, og Billees øre var skåret i stykker.

Tutti i cani piansero per il dolore e la sconfitta durante la notte.

Alle hundene græd af smerte og nederlag natten igennem.

All'alba tornarono lentamente all'accampamento, doloranti e distrutti.

Ved daggry sneg de sig tilbage til lejren, ømme og sønderknækkede.

Gli husky erano scomparsi, ma il danno era fatto.

Huskierne var forsvundet, men skaden var sket.

Perrault e François erano di pessimo umore e osservavano le rovine.

Perrault og François stod i dårligt humør over ruinen.

Metà del cibo era sparito, rubato dai ladri affamati.

Halvdelen af maden var væk, stjålet af de sultne tyve.

Gli husky avevano strappato le corde e la tela della slitta.

Huskierne havde revet sig igennem slædebindinger og kanvas.

Tutto ciò che aveva odore di cibo era stato divorato completamente.

Alt, der lugtede af mad, var blevet fuldstændig fortæret.

Mangiarono un paio di stivali da viaggio in pelle di alce di Perrault.

De spiste et par af Perraults rejsestøvler af elgskind.

Hanno masticato le pelli e rovinato i cinturini rendendoli inutilizzabili.

De tyggede på læderreiser og ødelagde remme, der ikke kunne bruges.

François smise di fissare la frusta strappata per controllare i cani.

François holdt op med at stirre på den iturevne piskevippe for at tjekke hundene.

«Ah, amici miei», disse con voce bassa e preoccupata.

"Åh, mine venner," sagde han med lav stemme og fyldt med bekymring.

"Forse tutti questi morsi vi trasformeranno in bestie pazze."

"Måske vil alle disse bid forvandle jer til vanvittige bæster."

"Forse tutti cani rabbiosi, sacredam! Che ne pensi, Perrault?"

"Måske alle gale hunde, hellige! Hvad synes du, Perrault?"

Perrault scosse la testa, con gli occhi scuri per la preoccupazione e la paura.

Perrault rystede på hovedet, øjnene mørke af bekymring og frygt.

C'erano ancora quattrocento miglia tra loro e Dawson.

Fire hundrede mil lå stadig mellem dem og Dawson.

La follia dei cani potrebbe ormai distruggere ogni possibilità di sopravvivenza.

Hundegalskab kan nu ødelægge enhver chance for overlevelse.

Hanno passato due ore a imprecare e a cercare di riparare l'attrezzatura.

De brugte to timer på at bande og forsøge at reparere udstyret.

La squadra ferita alla fine lasciò l'accampamento, distrutta e sconfitta.

Det sårede hold forlod endelig lejren, knækkede og besejrede.

Questo è stato il sentiero più duro finora e ogni passo è stato doloroso.

Dette var den sværeste rute til dato, og hvert skridt var smertefuldt.

Il fiume Thirty Mile non era ghiacciato e scorreva impetuoso.

Thirty Mile-floden var ikke frosset til frosset og fosser vildt.

Soltanto nei punti calmi e nei vortici il ghiaccio riusciva a resistere.

Kun i rolige steder og hvirvlende strømhvirvler formåede isen at holde sig.

Trascorsero sei giorni di duro lavoro per percorrere le trenta miglia.

Seks dages hårdt arbejde gik, indtil de 48 kilometer var tilbagelagt.

Ogni miglio del sentiero porta con sé pericoli e minacce di morte.

Hver kilometer af ruten bragte fare og trussel om død.

Uomini e cani rischiavano la vita a ogni passo doloroso.

Mændene og hundene risikerede deres liv med hvert smertefulde skridt.

Perrault riuscì a superare i sottili ponti di ghiaccio una dozzina di volte.

Perrault brød igennem tynde isbroer et dusin forskellige gange.

Prese un palo e lo lasciò cadere nel buco creato dal suo corpo.

Han bar en stang og lod den falde hen over det hul, hans krop havde lavet.

Quel palo salvò Perrault più di una volta dall'annegamento.

Mere end én gang reddede den stang Perrault fra at drukne.

L'ondata di freddo persisteva, la temperatura era di cinquanta gradi sotto zero.

Kulden holdt fast, luften var halvtreds grader under nul.

Ogni volta che cadeva, Perrault era costretto ad accendere un fuoco per sopravvivere.

Hver gang han faldt i, måtte Perrault tænde et bål for at overleve.

Gli abiti bagnati si congelavano rapidamente, perciò li faceva asciugare vicino al calore cocente.

Vådt tøj frøs hurtigt, så han tørrede det i nærheden af brændende hede.

Perrault non provava mai paura, e questo faceva di lui un corriere.

Perrault var aldrig bange, og det gjorde ham til kurér.

Fu scelto per affrontare il pericolo e lo affrontò con silenziosa determinazione.

Han blev valgt til fare, og han mødte den med stille beslutsomhed.

Si spinse in avanti controvento, con il viso raggrinzito e congelato.

Han pressede sig frem mod vinden, hans indskrumpede ansigt forfrosset.

Perrault li guidò in avanti dall'alba al tramonto.

Fra svag daggry til aftenens frembrud førte Perrault dem videre.

Camminava sul ghiaccio sottile che scricchiolava a ogni passo.

Han gik på smal iskant, der revnede for hvert skridt.

Non osavano fermarsi: ogni pausa rischiava di provocare un crollo mortale.

De turde ikke stoppe – hver pause risikerede et dødeligt sammenbrud.

Una volta la slitta si ruppe, trascinando dentro Dave e Buck.

En gang brød slæden igennem og trak Dave og Buck ind.

Quando furono liberati, entrambi erano quasi congelati.

Da de blev trukket fri, var begge næsten forfrosne.

Gli uomini accesero rapidamente un fuoco per salvare Buck e Dave.

Mændene byggede hurtigt et bål for at holde Buck og Dave i live.

I cani erano ricoperti di ghiaccio dal naso alla coda, rigidi come legno intagliato.

Hundene var dækket af is fra snude til hale, stive som udskåret træ.

Gli uomini li fecero correre in cerchio vicino al fuoco per scongelarne i corpi.

Mændene løb med dem i cirkler nær bålet for at tø deres kroppe op.

Si avvicinarono così tanto alle fiamme che la loro pelliccia rimase bruciacchiata.

De kom så tæt på flammerne, at deres pels blev svidet.

Spitz ruppe poi il ghiaccio, trascinando dietro di sé la squadra.

Spitz brød derefter gennem isen og slæbte holdet ind efter sig.

La frenata arrivava fino al punto in cui Buck stava tirando.

Bruddet nåede helt op til der, hvor Buck trak.

Buck si appoggiò bruscamente allo schienale, con le zampe che scivolavano e tremavano sul bordo.

Buck lænede sig hårdt tilbage, poterne gled og dirrede på kanten.

Anche Dave si sforzò all'indietro, proprio dietro Buck sulla linea.

Dave spændte også bagover, lige bag Buck på linjen.

François tirava la slitta e i suoi muscoli scricchiolavano per lo sforzo.

François trak slæden på, hans muskler revnede af anstrengelse.

Un'altra volta, il ghiaccio del bordo si è crepato davanti e dietro la slitta.

En anden gang revnede randisen foran og bag slæden.

Non avevano altra via d'uscita se non quella di arrampicarsi su una parete ghiacciata.

De havde ingen udvej undtagen at klatre op ad en frossen klippevæg.

In qualche modo Perrault riuscì a scalare il muro: un miracolo lo tenne in vita.

Perrault klatrede på en eller anden måde op ad muren; et mirakel holdt ham i live.

François rimase sottocoperta, pregando che gli capitasse la stessa fortuna.

François blev nedenfor og bad om den samme slags held.

Legarono ogni cinghia, legatura e tirante in un'unica lunga corda.

De bandt hver rem, surring og skinne sammen til ét langt reb.

Gli uomini trascinarono i cani uno alla volta fino in cima.

Mændene hev hver hund op, en ad gangen, til toppen.

François salì per ultimo, dopo la slitta e tutto il carico.

François klatrede sidst, efter slæden og hele lasten.

Poi iniziò una lunga ricerca di un sentiero che scendesse dalle scogliere.

Så begyndte en lang søgen efter en sti ned fra klipperne.

Alla fine scesero utilizzando la stessa corda che avevano costruito.

De kom endelig ned ved hjælp af det samme reb, de havde lavet.

Scese la notte mentre tornavano al letto del fiume, esausti e doloranti.

Natten faldt på, da de vendte tilbage til flodlejet, udmattede og ømme.

Avevano impiegato un giorno intero per percorrere solo un quarto di miglio.

De havde brugt en hel dag på kun at tilbagelægge en kvart mil.

Quando giunsero all'Hootalinqua, Buck era sfinito.

Da de nåede Hootalinqua, var Buck udmattet.

Anche gli altri cani soffrivano le stesse condizioni del sentiero.

De andre hunde led lige så hårdt under forholdene på stien.

Ma Perrault aveva bisogno di recuperare tempo e li spingeva avanti giorno dopo giorno.

Men Perrault havde brug for at indhente tid og pressede dem på hver dag.

Il primo giorno percorsero trenta miglia fino a Big Salmon.

Den første dag rejste de 48 kilometer til Big Salmon.

Il giorno dopo percorsero trentacinque miglia fino a Little Salmon.

Den næste dag rejste de 65 kilometer til Little Salmon.

Il terzo giorno percorsero quaranta miglia ghiacciate.

På den tredje dag tilbagelagde de fyrre lange, frosne mil.

A quel punto si stavano avvicinando all'insediamento di Five Fingers.

På det tidspunkt nærmede de sig bosættelsen Five Fingers.

I piedi di Buck erano più morbidi di quelli duri degli husky autoctoni.

Bucks fødder var blødere end de hårde fødder hos indfødte huskies.

Le sue zampe erano diventate tenere nel corso di molte generazioni civilizzate.

Hans poter var blevet møre gennem mange civiliserede generationer.

Molto tempo fa, i suoi antenati erano stati addomesticati dagli uomini del fiume o dai cacciatori.

For længe siden var hans forfædre blevet tæmmet af flodmænd eller jægere.

Ogni giorno Buck zoppicava per il dolore, camminando con le zampe screpolate e doloranti.

Hver dag haltede Buck af smerte og gik på rå, ømme poter.

Giunto all'accampamento, Buck cadde come un corpo senza vita sulla neve.

I lejren faldt Buck ned som en livløs skikkelse på sneen.

Sebbene fosse affamato, Buck non si alzò per consumare il pasto serale.

Selvom Buck var sulten, stod han ikke op for at spise sit aftensmåltid.

François portò la sua razione a Buck, mettendogli del pesce vicino al muso.

François bragte Buck sin ration og lagde fisk ved sin snude.

Ogni notte l'autista massaggiava i piedi di Buck per mezz'ora.

Hver aften gned chaufføren Bucks fødder i en halv time.

François arrivò persino a tagliare i suoi mocassini per farne delle calzature per cani.

François skar endda sine egne mokkasiner op for at lave hundefodtøj.

Quattro scarpe calde diedero a Buck un grande e gradito sollievo.

Fire varme sko gav Buck en stor og velkommen lettelse.

Una mattina François dimenticò le scarpe e Buck si rifiutò di alzarsi.

En morgen glemte François skoene, og Buck nægtede at rejse sig.

Buck giaceva sulla schiena, con i piedi in aria, e li agitava in modo pietoso.

Buck lå på ryggen med fødderne i vejret og viftede ynkeligt med dem.

Persino Perrault sorrise alla vista dell'appello drammatico di Buck.

Selv Perrault smilede ved synet af Bucks dramatiske bøn.

Ben presto i piedi di Buck diventarono duri e le scarpe poterono essere tolte.

Snart blev Bucks fødder hårde, og skoene kunne smides væk.

A Pelly, durante il periodo in cui veniva imbrigliata, Dolly emise un ululato terribile.

Ved Pelly, mens der var tid til at bruge seletøj, udstødte Dolly et frygteligt hyl.

Il grido era lungo e pieno di follia, e fece tremare tutti i cani.

Skriget var langt og fyldt med vanvid og rystede hver eneste hund.

Ogni cane si rizzava per la paura, senza capirne il motivo.

Hver hund strittede i skræk uden at kende årsagen.

Dolly era impazzita e si era scagliata contro Buck.

Dolly var blevet sindssyg og kastede sig direkte mod Buck.

Buck non aveva mai visto la follia, ma l'orrore gli riempì il cuore.

Buck havde aldrig set vanvid, men rædsel fyldte hans hjerte.

Senza pensarci due volte, si voltò e fuggì in preda al panico più assoluto.

Uden at tænke sig om vendte han sig om og flygtede i fuldstændig panik.

Dolly lo inseguì, con gli occhi selvaggi e la saliva che le colava dalle fauci.

Dolly jagtede ham, hendes øjne var vilde, og spyttet fløj fra hendes kæber.

Si tenne sempre dietro a Buck, senza mai guadagnare terreno e senza mai indietreggiare.

Hun holdt sig lige bag Buck, uden at vinde og uden at falde tilbage.

Buck corse attraverso i boschi, giù per l'isola, sul ghiaccio frastagliato.

Buck løb gennem skoven, ned ad øen, hen over ujævn is.

Attraversò un'isola, poi un'altra, per poi tornare indietro verso il fiume.

Han krydsede til en ø, derefter en anden, og gik i ring tilbage til floden.

Dolly continuava a inseguirlo, ringhiando sempre più forte a ogni passo.

Dolly jagtede ham stadig, hendes knurren tæt efter hende ved hvert skridt.

Buck poteva sentire il suo respiro e la sua rabbia, anche se non osava voltarsi indietro.

Buck kunne høre hendes åndedrag og raseri, selvom han ikke turde se sig tilbage.

François gridò da lontano e Buck si voltò verso la voce.

råbte François langvejs fra, og Buck vendte sig mod stemmen.

Ancora senza fiato, Buck corse oltre, riponendo ogni speranza in François.

Stadig gispede efter vejret løb Buck forbi og satte al sin lid til François.

Il conducente del cane sollevò un'ascia e aspettò che Buck gli passasse accanto.

Hundeføreren løftede en økse og ventede, mens Buck fløj forbi.

L'ascia calò rapidamente e colpì la testa di Dolly con forza mortale.

Øksen faldt hurtigt ned og ramte Dollys hoved med dødelig kraft.

Buck crollò vicino alla slitta, ansimando e incapace di muoversi.

Buck kollapsede nær slæden, hvæsende og ude af stand til at bevæge sig.

Quel momento diede a Spitz la possibilità di colpire un nemico esausto.

Det øjeblik gav Spitz chancen for at angribe en udmattet fjende.

Morse Buck due volte, strappandogli la carne fino all'osso bianco.

To gange bed han Buck og flåede kødet ned til den hvide knogle.

La frusta di François schioccò, colpendo Spitz con tutta la sua forza, con furia.

François' pisk knækkede og ramte Spitz med fuld, voldsom kraft.

Buck guardò con gioia Spitz mentre riceveva il pestaggio più duro fino a quel momento.

Buck så med glæde til, mens Spitz fik sin hidtil hårdeste prygl.

«È un diavolo, quello Spitz», borbottò Perrault tra sé e sé.

"Han er en djævel, den Spitz," mumlede Perrault dystert for sig selv.

"Un giorno o l'altro, quel cane maledetto ucciderà Buck, lo giuro."

"En dag snart vil den forbandede hund dræbe Buck – jeg sværger det."

«Quel Buck ha due diavoli dentro di sé», rispose François annuendo.

„Den Buck har to djævle i sig," svarede François med et nik.

"Quando osservo Buck, so che dentro di lui si cela qualcosa di feroce."

"Når jeg ser Buck, ved jeg, at noget voldsomt venter i ham."

"Un giorno, si infurierà come il fuoco e farà a pezzi Spitz."

"En dag bliver han rasende som ild og river Spitz i stykker."

"Masticherà quel cane e lo sputerà sulla neve ghiacciata."

"Han vil tygge den hund i stykker og spytte ham ud i den frosne sne."

"Certo, lo so fin nel profondo."

"Ja, det ved jeg jo inderst inde."

Da quel momento in poi, i due cani furono in guerra tra loro.

Fra det øjeblik var de to hunde låst i en krig.

Spitz guidava la squadra e deteneva il potere, ma Buck lo sfidava.

Spitz førte holdet og havde magten, men Buck udfordrede det.

Spitz si rese conto che il suo rango era minacciato da questo strano straniero del Sud.

Spitz så sin rang truet af denne mærkelige fremmede fra Sydlandet.

Buck era diverso da tutti i cani del sud che Spitz aveva conosciuto fino ad allora.

Buck var ulig nogen anden sydstatshund, som Spitz havde kendt før.

La maggior parte di loro fallì: troppo deboli per sopravvivere al freddo e alla fame.

De fleste af dem fejlede – for svage til at overleve kulde og sult.

Morirono rapidamente a causa del lavoro, del gelo e del lento bruciare della carestia.

De døde hurtigt under arbejde, frost og hungersnødens langsomme sved.

Buck si distingueva: ogni giorno più forte, più intelligente e più selvaggio.

Buck skilte sig ud – stærkere, klogere og mere vild for hver dag.

Ha prosperato nonostante le difficoltà, crescendo al pari degli husky del nord.

Han trivedes med modgang og voksede op til at matche de nordlige huskies.

Buck era dotato di forza, abilità straordinaria e un istinto paziente e letale.

Buck havde styrke, vild kunnen og et tålmodigt, dødbringende instinkt.

L'uomo con la mazza aveva annientato Buck per fargli perdere la temerarietà.

Manden med køllen havde banket ubesindigheden ud af Buck.

La furia cieca se n'era andata, sostituita da un'astuzia silenziosa e dal controllo.

Blind raseri var væk, erstattet af stille list og kontrol.

Attese, calmo e primordiale, in attesa del momento giusto.

Han ventede, rolig og primal, og spejdede efter det rette øjeblik.

La loro lotta per il comando divenne inevitabile e chiara.

Deres kamp om kommandoen blev uundgåelig og klar.

Buck desiderava la leadership perché il suo spirito la richiedeva.

Buck ønskede lederskab, fordi hans ånd krævede det.

Era spinto da quello strano orgoglio che nasceva dal sentiero e dall'imbracatura.

Han var drevet af den mærkelige stolthed født af sti og seletøj.

Quell'orgoglio faceva sì che i cani tirassero fino a crollare sulla neve.

Den stolthed fik hunde til at trække, indtil de kollapsede i sneen.

L'orgoglio li spinse a dare tutta la forza che avevano.

Stolthed lokkede dem til at give al den styrke, de havde.

L'orgoglio può trascinare un cane da slitta fino al punto di ucciderlo.

Stolthed kan lokke en slædehund helt til døden.

Perdere l'imbracatura rendeva i cani deboli e senza scopo.

At miste selen efterlod hundene ødelagte og uden formål.

Il cuore di un cane da slitta può essere spezzato dalla vergogna quando va in pensione.

En slædehunds hjerte kan knuses af skam, når den går på pension.

Dave viveva con questo orgoglio mentre trascinava la slitta da dietro.

Dave levede af den stolthed, mens han slæbte slæden bagfra.

Anche Solleks diede il massimo con cupa forza e lealtà.

Solleks gav også alt, hvad han havde, med barsk styrke og loyalitet.

Ogni mattina l'orgoglio li trasformava da amareggiati a determinati.

Hver morgen forvandlede stoltheden dem fra bitre til beslutsomme.

Spinsero per tutto il giorno, poi tacquero una volta giunti alla fine dell'accampamento.

De kæmpede hele dagen, og så blev de tavse for enden af lejren.

Quell'orgoglio diede a Spitz la forza di mettere in riga i fannulloni.

Den stolthed gav Spitz styrken til at komme i forkøbet af sherkers.

Spitz temeva Buck perché Buck nutriva lo stesso profondo orgoglio.

Spitz frygtede Buck, fordi Buck bar den samme dybe stolthed.

L'orgoglio di Buck ora si agitò contro Spitz, ma lui non si fermò.

Bucks stolthed vakte nu mod Spitz, og han stoppede ikke.

Buck sfidò il potere di Spitz e gli impedì di punire i cani.

Buck trodsede Spitz' magt og forhindrede ham i at straffe hunde.

Quando gli altri fallivano, Buck si frapponeva tra loro e il loro capo.

Da andre fejlede, trådte Buck mellem dem og deres leder.

Lo fece con intenzione, rendendo la sua sfida aperta e chiara.

Han gjorde dette med vilje og gjorde sin udfordring åben og klar.

Una notte una forte nevicata coprì il mondo in un profondo silenzio.

En nat indhyllede tung sne verden i dyb stilhed.

La mattina dopo, Pike, pigro come sempre, non si alzò per andare al lavoro.

Næste morgen stod Pike, doven som altid, ikke op for at gå på arbejde.

Rimase nascosto nel suo nido sotto uno spesso strato di neve.

Han holdt sig skjult i sin rede under et tykt lag sne.

François gridò e cercò, ma non riuscì a trovare il cane.

François råbte og ledte, men kunne ikke finde hunden.

Spitz si infuriò e si scagliò contro l'accampamento coperto di neve.

Spitz blev rasende og stormede gennem den snedækkede lejr.

Ringhiò e annusò, scavando freneticamente con gli occhi fiammeggianti.

Han knurrede og snøftede, mens han gravede vanvittigt med flammende øjne.

La sua rabbia era così violenta che Pike tremava sotto la neve per la paura.

Hans raseri var så voldsomt, at Pike rystede under sneen af frygt.

Quando finalmente Pike fu trovato, Spitz si lanciò per punire il cane nascosto.

Da Pike endelig blev fundet, sprang Spitz frem for at straffe den gemte hund.

Ma Buck si scagliò tra loro con una furia pari a quella di Spitz.

Men Buck sprang imellem dem med en raseri lig med Spitz' egen.

L'attacco fu così improvviso e astuto che Spitz cadde a terra.

Angrebet var så pludseligt og snedigt, at Spitz faldt omkuld.

Pike, che tremava, trasse coraggio da questa sfida.

Pike, der havde rystet, fandt mod i denne trodsighed.

Seguendo l'audace esempio di Buck, saltò sullo Spitz caduto.

Han sprang op på den faldne Spitz og fulgte Bucks dristige eksempel.

Buck, non più vincolato dall'equità, si unì allo sciopero di Spitz.

Buck, ikke længere bundet af retfærdighed, sluttede sig til strejken på Spitz.

François, divertito ma fermo nella disciplina, agitò la sua pesante frusta.

François, underholdt men fast i disciplinen, svingede sin tunge piskeslag.

Colpì Buck con tutta la sua forza per interrompere la rissa.

Han slog Buck med al sin kraft for at afbryde kampen.

Buck si rifiutò di muoversi e rimase in groppa al capo caduto.

Buck nægtede at bevæge sig og blev oven på den faldne leder.

François allora usò il manico della frusta e colpì Buck con violenza.

François brugte derefter piskens håndtag og ramte Buck hårdt.

Barcollando per il colpo, Buck cadde all'indietro sotto l'assalto.

Buck, der vaklede af slaget, faldt bagover under angrebet.

François colpì più volte mentre Spitz puniva Pike.

François slog til igen og igen, mens Spitz straffede Pike.

Passarono i giorni e Dawson City si avvicinava sempre di più.

Dagene gik, og Dawson City kom nærmere og nærmere.

Buck continuava a intromettersi, infilandosi tra Spitz e gli altri cani.

Buck blev ved med at blande sig og gled ind mellem Spitz og de andre hunde.

Sceglieva bene i suoi momenti, aspettando sempre che François se ne andasse.

Han valgte sine øjeblikke med omhu og ventede altid på, at François skulle gå.

La ribellione silenziosa di Buck si diffuse e il disordine prese piede nella squadra.

Bucks stille oprør spredte sig, og uorden slog rod i holdet.

Dave e Solleks rimasero leali, ma altri diventarono indisciplinati.

Dave og Solleks forblev loyale, men andre blev uregerlige.

La squadra peggiorò: divenne irrequieta, litigiosa e fuori luogo.

Holdet blev værre – rastløst, stridbart og ude af trit.

Ormai niente filava liscio e le liti diventavano all'ordine del giorno.

Intet fungerede længere problemfrit, og slagsmål blev almindelige.

Buck rimase sempre al centro dei guai, provocando disordini.

Buck forblev i hjertet af urolighederne og fremprovokerede altid uro.

François rimase vigile, temendo la lotta tra Buck e Spitz.

François forblev årvågen, bange for kampen mellem Buck og Spitz.

Ogni notte veniva svegliato da zuffe e temeva che finalmente fosse arrivato l'inizio.

Hver nat vækkede han ham af skænderier, af frygt for at begyndelsen endelig var kommet.

Balzò fuori dalla veste, pronto a interrompere la rissa.

Han sprang af sin kåbe, klar til at afbryde kampen.

Ma il momento non arrivò mai e alla fine raggiunsero Dawson.

Men øjeblikket kom aldrig, og de nåede endelig frem til Dawson.

La squadra entrò in città in un pomeriggio cupo, teso e silenzioso.

Holdet kom ind i byen en trist eftermiddag, anspændte og stille.

La grande battaglia per la leadership era ancora sospesa nell'aria gelida.

Den store kamp om lederskab hang stadig i den frosne luft.

Dawson era piena di uomini e cani da slitta, tutti impegnati nel lavoro.

Dawson var fuld af mænd og slædehunde, alle travlt optaget af arbejde.

Buck osservava i cani trainare i carichi dalla mattina alla sera.

Buck så hundene trække læs fra morgen til aften.

Trasportavano tronchi e legna da ardere e spedivano rifornimenti alle miniere.

De slæbte træstammer og brænde og fragtede forsyninger til minerne.

Nel Southland, dove un tempo lavoravano i cavalli, ora lavoravano i cani.

Hvor heste engang arbejdede i Sydlandet, arbejdede hunde nu.

Buck vide alcuni cani provenienti dal Sud, ma la maggior parte erano husky simili a lupi.

Buck så nogle hunde fra syd, men de fleste var ulvelignende huskyer.

Di notte, puntuali come un orologio, i cani alzavano la voce e cantavano.

Om natten, som et urværk, hævede hundene deres stemmer i sang.

Alle nove, a mezzanotte e di nuovo alle tre, il canto cominciò.

Klokken ni, ved midnat og igen klokken tre begyndte sangen.

Buck amava unirsi al loro canto inquietante, selvaggio e antico nel suono.

Buck elskede at være med i deres uhyggelige sang, vild og ældgammel i lyd.

L'aurora fiammeggiava, le stelle danzavano e la neve ricopriva la terra.

Nordlyset flammede, stjernerne dansede, og sne dækkede landet.

Il canto dei cani si elevava come un grido contro il silenzio e il freddo pungente.

Hundenes sang rejste sig som et råb mod stilheden og den bidende kulde.

Ma il loro urlo esprimeva tristezza, non sfida, in ogni lunga nota.

Men deres hylen indeholdt sorg, ikke trodsighed, i hver lange tone.

Ogni lamento era pieno di supplica: il peso stesso della vita.

Hvert klageskrig var fuld af bønfaldelser; selve livets byrde.

Quella canzone era vecchia, più vecchia delle città e più vecchia degli incendi

Den sang var gammel – ældre end byer og ældre end brande

Quel canto era più antico perfino delle voci degli uomini.

Den sang var endda ældre end menneskers stemmer.

Era una canzone del mondo dei giovani, quando tutte le canzoni erano tristi.

Det var en sang fra den unge verden, dengang alle sange var triste.

La canzone porta con sé il dolore di innumerevoli generazioni di cani.

Sangen bar sorg fra utallige generationer af hunde.

Buck percepì profondamente la melodia, gemendo per un dolore radicato nei secoli.

Buck følte melodien dybt, stønnende af smerte rodfæstet i tidernes morgen.

Singhiozzava per un dolore antico quanto il sangue selvaggio nelle sue vene.

Han hulkede af en sorg lige så gammel som det vilde blod i hans årer.

Il freddo, l'oscurità e il mistero toccarono l'anima di Buck.

Kulden, mørket og mystikken rørte Bucks sjæl.

Quella canzone dimostrava quanto Buck fosse tornato alle sue origini.

Den sang beviste, hvor langt Buck var vendt tilbage til sine oprindelser.

Tra la neve e gli ululati aveva trovato l'inizio della sua vita.

Gennem sne og hylende lyde havde han fundet starten på sit eget liv.

Sette giorni dopo l'arrivo a Dawson, ripartirono.

Syv dage efter ankomsten til Dawson rejste de afsted igen.

La squadra si è lanciata dalla caserma fino allo Yukon Trail.

Holdet faldt fra kasernen ned til Yukon Trail.

Iniziarono il viaggio di ritorno verso Dyea e Salt Water.

De begyndte rejsen tilbage mod Dyea og Salt Water.

Perrault trasmise dispacci ancora più urgenti di prima.

Perrault bragte endnu mere presserende depecher end før.

Era anche preso dall'orgoglio per la corsa e puntava a stabilire un record.

Han blev også grebet af stolthed over stien og stræbte efter at sætte rekord.

Questa volta Perrault aveva diversi vantaggi.

Denne gang var der flere fordele på Perraults side.

I cani avevano riposato per un'intera settimana e avevano ripreso le forze.

Hundene havde hvilet sig i en hel uge og genvundet deres kræfter.

La pista che avevano tracciato era ora battuta da altri.

Det spor, de havde brød, var nu hårdt pakket af andre.

In alcuni punti la polizia aveva immagazzinato cibo sia per i cani che per gli uomini.

Nogle steder havde politiet opbevaret mad til både hunde og mænd.

Perrault viaggiava leggero, si muoveva velocemente e aveva poco a cui aggrapparsi.

Perrault rejste let, bevægede sig hurtigt og havde kun lidt til at tynge ham ned.

La prima sera raggiunsero la Sixty-Mile, una corsa lunga 50 miglia.

De nåede Sixty-Mile, en løbetur på 80 kilometer, allerede den første nat.

Il secondo giorno risalirono rapidamente lo Yukon in direzione di Pelly.

På den anden dag stormede de op ad Yukon-floden mod Pelly.

Ma questi grandi progressi comportarono anche molta fatica per François.

Men sådanne fine fremskridt medførte stor belastning for François.

La ribellione silenziosa di Buck aveva infranto la disciplina della squadra.

Bucks stille oprør havde knust holdets disciplin.

Non si univano più come un'unica bestia al comando.

De trak ikke længere sammen som ét dyr i tøjlerne.

Buck aveva spinto altri alla sfida con il suo coraggioso esempio.

Buck havde ført andre til trods gennem sit modige eksempel.

L'ordine di Spitz non veniva più accolto con timore o rispetto.

Spitz' befaling blev ikke længere mødt med frygt eller respekt.

Gli altri persero ogni timore reverenziale nei suoi confronti e osarono opporsi al suo governo.

De andre mistede deres ærefrygt for ham og turde modsætte sig hans styre.

Una notte, Pike rubò mezzo pesce e lo mangiò sotto gli occhi di Buck.

En nat stjal Pike en halv fisk og spiste den lige foran Bucks øjne.

Un'altra notte, Dub e Joe combatterono contro Spitz e rimasero impuniti.

En anden nat kæmpede Dub og Joe mod Spitz og slap ustraffet.

Anche Billee gemette meno dolcemente e mostrò una nuova acutezza.

Selv Billee klynkede mindre sødt og viste ny skarphed.

Buck ringhiava a Spitz ogni volta che si incrociavano.

Buck knurrede ad Spitz, hver gang de krydsede veje.

L'atteggiamento di Buck divenne audace e minaccioso, quasi come quello di un bullo.

Bucks attitude blev dristig og truende, næsten som en bølle.

Camminava avanti e indietro davanti a Spitz con un'andatura spavalda e piena di minaccia beffarda.

Han gik frem og tilbage foran Spitz med en Pral, fuld af hånlig trussel.

Questo crollo dell'ordine si diffuse anche tra i cani da slitta.

Det sammenbrud af orden spredte sig også blandt slædehundene.

Litigarono e discussero più che mai, riempiendo l'accampamento di rumore.

De skændtes og skændtes mere end nogensinde før og fyldte lejren med støj.

Ogni notte la vita nel campeggio si trasformava in un caos selvaggio e ululante.

Lejrlivet forvandlede sig til et vildt, hylende kaos hver nat.

Solo Dave e Solleks rimasero fermi e concentrati.

Kun Dave og Solleks forblev stabile og fokuserede.

Ma anche loro diventarono irascibili a causa delle continue risse.

Men selv de blev kort lunte af de konstante slagsmål.

François imprecò in lingue strane e batté i piedi per la frustrazione.

François bandede på fremmede sprog og trampede i frustration.

Si strappò i capelli e urlò mentre la neve gli volava sotto i piedi.

Han rev sig i håret og råbte, mens sneen fløj under fødderne.

La sua frusta schioccò contro il gruppo, ma a malapena riuscì a tenerli in riga.

Hans pisk knækkede hen over flokken, men holdt dem lige akkurat på linje.

Ogni volta che voltava le spalle, la lotta ricominciava.

Hver gang han vendte ryggen til, brød kampene ud igen.

François usò la frusta per Spitz, mentre Buck guidava i ribelli.

François brugte piskeslaget til Spitz, mens Buck førte an i oprørerne.

Ognuno conosceva il ruolo dell'altro, ma Buck evitava di addossare ogni colpa.

Begge kendte den andens rolle, men Buck undgik enhver bebrejdelse.

François non ha mai colto Buck mentre iniziava una rissa o si sottraeva al suo lavoro.

François opdagede aldrig Buck i at starte et slagsmål eller unddrage sig sit arbejde.

Buck lavorava duramente ai finimenti: la fatica ora gli dava entusiasmo.

Buck arbejdede hårdt i seletøj – sliddet opildnede nu hans humør.

Ma trovava ancora più gioia nel fomentare risse e caos nell'accampamento.

Men han fandt endnu mere glæde i at opildne til slagsmål og kaos i lejren.

Una sera, alla foce del Tahkeena, Dub spaventò un coniglio.

En aften ved Tahkeenas mund forskrækkede Dub en kanin.

Mancò la presa e il coniglio con la racchetta da neve balzò via.

Han missede fangsten, og sneskokaninen sprang væk.

Nel giro di pochi secondi, l'intera squadra di slitte si lanciò all'inseguimento, gridando a squarciagola.

På få sekunder satte hele slædeholdet efter dem under vilde skrig.

Nelle vicinanze, un accampamento della polizia del nord-ovest ospitava cinquanta cani husky.

I nærheden husede en politilejr for det nordvestlige politi halvtreds huskyhunde.

Si unirono alla caccia, scendendo insieme il fiume ghiacciato.

De sluttede sig til jagten og strømmede sammen ned ad den frosne flod.

Il coniglio lasciò il fiume e fuggì lungo il letto ghiacciato di un ruscello.

Kaninen drejede væk fra floden og flygtede op ad et frossent bækleje.

Il coniglio saltellava leggero sulla neve mentre i cani si facevano strada a fatica.

Kaninen hoppede let hen over sneen, mens hundene kæmpede sig igennem.

Buck guidava l'enorme branco di sessanta cani attorno a ogni curva tortuosa.

Buck førte den enorme flok på tres hunde rundt om hvert snoede sving.

Si spinse in avanti, basso e impaziente, ma non riuscì a guadagnare terreno.

Han skubbede sig fremad, lavt og ivrigt, men kunne ikke vinde terræn.

Il suo corpo brillava sotto la pallida luna a ogni potente balzo.

Hans krop glimtede under den blege måne ved hvert kraftfulde spring.

Davanti a loro, il coniglio si muoveva come un fantasma, silenzioso e troppo veloce per essere catturato.

Foran bevægede kaninen sig som et spøgelse, tavs og for hurtig til at indhente.

Tutti quei vecchi istinti, la fame, l'eccitazione, attraversarono Buck.

Alle de gamle instinkter – sulten, spændingen – strømmede gennem Buck.

A volte gli esseri umani avvertono questo istinto e sono spinti a cacciare con armi da fuoco e proiettili.

Mennesker føler dette instinkt til tider, drevet til at jage med gevær og kugle.

Ma Buck provava questa sensazione a un livello più profondo e personale.

Men Buck følte denne følelse på et dybere og mere personligt plan.

Non riuscivano a percepire la natura selvaggia nel loro sangue come Buck.

De kunne ikke føle vildskaben i deres blod, sådan som Buck kunne.

Inseguiva la carne viva, pronto a uccidere con i denti e ad assaggiare il sangue.

Han jagtede levende kød, klar til at dræbe med tænderne og smage blod.

Il suo corpo si tendeva per la gioia, desiderando immergersi nel caldo rosso della vita.

Hans krop anstrengte sig af glæde og ville bade i varmt, rødt liv.

Una strana gioia segna il punto più alto che la vita possa mai raggiungere.

En mærkelig glæde markerer det højeste punkt, livet nogensinde kan nå.

La sensazione di raggiungere un picco in cui i vivi dimenticano di essere vivi.

Følelsen af et højdepunkt, hvor de levende glemmer, at de overhovedet er i live.

Questa gioia profonda tocca l'artista immerso in un'ispirazione ardente.

Denne dybe glæde rører kunstneren, der er fortabt i en flammende inspiration.

Questa gioia afferra il soldato che combatte selvaggiamente e non risparmia alcun nemico.

Denne glæde griber soldaten, der kæmper vildt og ikke skåner nogen fjende.

Questa gioia ora colpì Buck mentre guidava il branco in preda alla fame primordiale.

Denne glæde krævede nu Buck, da han førte an i flokken i ursult.

Ululò con l'antico grido del lupo, emozionato per l'inseguimento.

Han hylede med det ældgamle ulveskrig, begejstret af den levende jagt.

Buck fece appello alla parte più antica di sé, persa nella natura selvaggia.

Buck tappede ind i den ældste del af sig selv, fortabt i naturen.

Scavò in profondità dentro di sé, oltre la memoria, fino al tempo grezzo e antico.

Han nåede dybt ind i sin indre, ind i tidligere erindring, ind i den rå, ældgamle tid.

Un'ondata di vita pura pervase ogni muscolo e tendine.

En bølge af rent liv strømmede gennem hver en muskel og sene.

Ogni salto gridava che viveva, che attraversava la morte.

Hvert spring råbte, at han levede, at han bevægede sig gennem døden.

Il suo corpo si librava gioioso su una terra immobile e fredda che non si muoveva mai.

Hans krop svævede glædesfyldt over det stille, kolde land, der aldrig rørte sig.

Spitz rimase freddo e astuto anche nei suoi momenti più selvaggi.

Spitz forblev kold og snedig, selv i sine vildeste øjeblikke.

Lasciò il sentiero e attraversò un terreno dove il torrente formava una curva ampia.

Han forlod stien og krydsede land, hvor bækken snoede sig bredt.

Buck, ignaro di ciò, rimase sul sentiero tortuoso del coniglio.

Buck, uvidende om dette, blev på kaninens snoede sti.

Poi, mentre Buck svoltava dietro una curva, il coniglio spettrale si trovò davanti a lui.

Så, da Buck rundede et sving, var den spøgelseslignende kanin foran ham.

Vide una seconda figura balzare dalla riva precedendo la preda.

Han så en anden skikkelse springe fra bredden foran byttet.

La figura era Spitz, atterrato proprio sulla traiettoria del coniglio in fuga.

Skikkelsen var Spitz, der landede lige i den flygtende kanins vej.

Il coniglio non riuscì a girarsi e incontrò le fauci di Spitz a mezz'aria.

Kaninen kunne ikke vende sig og mødte Spitz' kæber i luften.

La spina dorsale del coniglio si spezzò con un grido acuto come il grido di un essere umano morente.

Kaninens rygrad brækkede med et skrig så skarpt som et døende menneskes skrig.

A quel suono, il passaggio dalla vita alla morte, il branco ululò forte.

Ved den lyd – faldet fra liv til død – hylede flokken højt.

Un coro selvaggio si levò da dietro Buck, pieno di oscura gioia.

Et vildt kor rejste sig bag Buck, fuldt af mørk fryd.

Buck non emise alcun grido, nessun suono e si lanciò dritto verso Spitz.

Buck skreg ikke, ingen lyd, og stormede direkte ind i Spitz.

Mirò alla gola, ma colpì invece la spalla.

Han sigtede efter halsen, men ramte i stedet skulderen.

Caddero nella neve soffice, i loro corpi erano intrappolati in un combattimento.

De tumlede gennem blød sne; deres kroppe var låst fast i kamp.

Spitz balzò in piedi rapidamente, come se non fosse mai stato atterrato.

Spitz sprang hurtigt op, som om han aldrig var blevet slået ned.

Colpì Buck alla spalla e poi balzò fuori dalla mischia.

Han skar Buck i skulderen og sprang derefter væk fra kampen.

Per due volte i suoi denti schioccarono come trappole d'acciaio, e le sue labbra si arricciarono e si fecero feroci.

To gange knækkede hans tænder som stålfælder, læberne var krøllede og vilde.

Arretrò lentamente, cercando un terreno solido sotto i piedi.

Han bakkede langsomt væk og søgte fast grund under fødderne.

Buck comprese il momento all'istante e pienamente.

Buck forstod øjeblikket øjeblikkeligt og fuldt ud.

Il momento era giunto: la lotta sarebbe stata una lotta all'ultimo sangue.

Tiden var kommet; kampen ville blive en kamp til døden.

I due cani giravano in cerchio, ringhiando, con le orecchie piatte e gli occhi socchiusi.

De to hunde gik i ring, knurrede med flade ører og sammenknyttede øjne.

Ogni cane aspettava che l'altro mostrasse debolezza o facesse un passo falso.

Hver hund ventede på, at den anden skulle vise svaghed eller fejltrin.

Buck percepiva quella scena come stranamente nota e profondamente ricordata.

For Buck føltes scenen uhyggeligt kendt og dybt husket.

I boschi bianchi, la terra fredda, la battaglia al chiaro di luna.

De hvide skove, den kolde jord, kampen under måneskin.

Un silenzio pesante, profondo e innaturale riempiva la terra.

En tung stilhed fyldte landet, dyb og unaturlig.

Nessun vento si alzava, nessuna foglia si muoveva, nessun suono rompeva il silenzio.

Ingen vind rørte sig, intet blad bevægede sig, ingen lyd brød stilheden.

Il respiro dei cani si levava come fumo nell'aria gelida e silenziosa.

Hundenes åndedrag steg som røg i den frosne, stille luft.

Il coniglio era stato dimenticato da tempo dal branco di animali selvatici.

Kaninen var for længst glemt af flokken af vilde dyr.

Questi lupi semiaddomesticati ora stavano fermi in un ampio cerchio.

Disse halvtæmmede ulve stod nu stille i en vid cirkel.

Erano silenziosi, solo i loro occhi luminosi rivelavano la loro fame.

De var stille, kun deres glødende øjne afslørede deres sult.

Il loro respiro saliva, mentre osservavano l'inizio dello scontro finale.

Deres åndedræt drev opad, mens de så den sidste kamp begynde.

Per Buck questa battaglia era vecchia e attesa, per niente strana.

For Buck var dette slag gammelt og forventet, slet ikke mærkeligt.

Era come il ricordo di qualcosa che doveva accadere da sempre.

Det føltes som et minde om noget, der altid har været meningen, at skulle ske.

Spitz era un cane da combattimento addestrato, affinato da innumerevoli risse selvagge.

Spitz var en trænet kamphund, finpudset af utallige vilde slagsmål.

Dallo Spitzbergen al Canada, aveva sconfitto molti nemici.

Fra Spitsbergen til Canada havde han besejret mange fjender.

Era pieno di rabbia, ma non cedette mai il controllo alla rabbia.

Han var fyldt med raseri, men gav aldrig kontrollen over raseriet.

La sua passione era acuta, ma sempre temperata dal duro istinto.

Hans lidenskab var skarp, men altid dæmpet af et hårdt instinkt.

Non ha mai attaccato finché non ha avuto la sua difesa pronta.

Han angreb aldrig, før hans eget forsvar var på plads.

Buck provò più volte a raggiungere il collo vulnerabile di Spitz.

Buck forsøgte igen og igen at nå Spitz' sårbare hals.

Ma ogni colpo veniva accolto da un fendente dei denti affilati di Spitz.

Men hvert slag blev mødt af et hug fra Spitz' skarpe tænder.

Le loro zanne si scontrarono ed entrambi i cani sanguinarono dalle labbra lacerate.

Deres hugtænder stødte sammen, og begge hunde blødte fra flængede læber.

Nonostante i suoi sforzi, Buck non riusciva a rompere la difesa.

Uanset hvor meget Buck kastede sig frem, kunne han ikke bryde forsvaret.

Divenne sempre più furioso e si lanciò verso di lui con violente esplosioni di potenza.

Han blev mere og mere rasende og stormede ind med vilde magtanfald.

Buck colpì ripetutamente la bianca gola di Spitz.

Igen og igen slog Buck efter Spitz' hvide strube.

Ogni volta Spitz schivava e contrattaccava con un morso tagliente.

Hver gang undveg Spitz og slog igen med et skivende bid.

Poi Buck cambiò tattica, avventandosi di nuovo come se volesse colpirlo alla gola.

Så ændrede Buck taktik og skyndte sig igen, som om han ville have struben.

Ma a metà attacco si è ritirato, girandosi per colpire di lato.

Men han trak sig tilbage midt i angrebet og vendte sig mod siden.

Colpì Spitz con una spallata, con l'intento di buttarlo a terra.

Han kastede sin skulder ind i Spitz i den hensigt at slå ham ned.

Ogni volta che ci provava, Spitz lo schivava e rispondeva con un fendente.

Hver gang han forsøgte, undveg Spitz og svarede igen med et hug.

La spalla di Buck si faceva scorticare mentre Spitz si liberava dopo ogni colpo.

Bucks skulder blev ømme, da Spitz sprang fri efter hvert slag.

Spitz non era stato toccato, mentre Buck sanguinava dalle numerose ferite.

Spitz var ikke blevet rørt, mens Buck blødte fra mange sår.

Il respiro di Buck era affannoso e pesante, il suo corpo era viscido di sangue.

Bucks åndedrag kom hurtigt og tungt, hans krop glat af blod.

La lotta diventava più brutale a ogni morso e carica.

Kampen blev mere brutal med hvert bid og angreb.

Attorno a loro, sessanta cani silenziosi aspettavano che il primo cadesse.

Omkring dem ventede tres tavse hunde på, at de første skulle falde.

Se un cane fosse caduto, il branco avrebbe posto fine alla lotta.

Hvis én hund faldt, ville flokken afslutte kampen.

Spitz vide Buck indebolirsi e cominciò ad attaccare.

Spitz så Buck blive svagere og begyndte at presse på for angrebet.

Mantenne Buck sbilanciato, costringendolo a lottare per restare in piedi.

Han holdt Buck ude af balance og tvang ham til at kæmpe for fodfæste.

Una volta Buck inciampò e cadde, e tutti i cani si rialzarono.

Engang snublede Buck og faldt, og alle hundene rejste sig.

Ma Buck si raddrizzò a metà caduta e tutti ricaddero.

Men Buck rettede sig op midt i faldet, og alle sank ned igen.

Buck aveva qualcosa di raro: un'immaginazione nata da un profondo istinto.

Buck havde noget sjældent – fantasi født af dyb instinkt.

Combatté per istinto naturale, ma combatté anche con astuzia.

Han kæmpede af naturlig drift, men han kæmpede også med list.

Tornò ad attaccare come se volesse ripetere il trucco dell'attacco alla spalla.

Han angreb igen, som om han gentog sit skulderangrebstrick.

Ma all'ultimo secondo si abbassò e passò sotto Spitz.

Men i sidste sekund faldt han lavt og fejede ind under Spitz.

I suoi denti si bloccarono sulla zampa anteriore sinistra di Spitz con uno schiocco.

Hans tænder låste sig fast på Spitz' forreste venstre ben med et smæld.

Spitz ora era instabile e il suo peso gravava solo su tre zampe.

Spitz stod nu ustabel, hans vægt på kun tre ben.

Buck colpì di nuovo e tentò tre volte di atterrarlo.

Buck slog til igen og forsøgte tre gange at få ham ned.

Al quarto tentativo ha usato la stessa mossa con successo

I fjerde forsøg brugte han den samme bevægelse med succes

Questa volta Buck riuscì a mordere la zampa destra di Spitz.

Denne gang lykkedes det Buck at bide Spitz i højre ben.

Spitz, benché storpio e in agonia, continuò a lottare per sopravvivere.

Spitz, selvom han var forkrøblet og i smerte, kæmpede fortsat for at overleve.

Vide il cerchio degli husky stringersi, con le lingue fuori e gli occhi luminosi.

Han så kredsen af huskyer stramme sig sammen, med tungerne ude og øjnene glødende.

Aspettarono di divorarlo, proprio come avevano fatto con gli altri.

De ventede på at fortære ham, ligesom de havde gjort mod andre.

Questa volta era lui al centro, sconfitto e condannato.

Denne gang stod han i midten; besejret og dømt.

Ormai il cane bianco non aveva più alcuna possibilità di fuga.

Der var ingen mulighed for at flygte for den hvide hund nu.

Buck non mostrò alcuna pietà, perché la pietà non era a posto nella natura selvaggia.

Buck viste ingen nåde, for nåde hørte ikke hjemme i naturen.

Buck si mosse con cautela, preparandosi per la carica finale.

Buck bevægede sig forsigtigt og gjorde sig klar til det sidste angreb.

Il cerchio degli husky si stringeva; lui sentiva i loro respiri caldi.

Cirklen af huskyer lukkede sig om ham; han mærkede deres varme åndedræt.

Si accovacciarono, pronti a scattare quando fosse giunto il momento.

De krøb sammen, klar til at springe, når øjeblikket kom.

Spitz tremava nella neve, ringhiando e cambiando posizione.

Spitz dirrede i sneen, knurrede og skiftede stilling.

I suoi occhi brillavano, le labbra si arricciavano, i denti brillavano in un'espressione disperata e minacciosa.

Hans øjne stirrede, læberne krøllede sig sammen, tænderne glimtede i desperat trussel.

Barcollò, cercando ancora di resistere al freddo morso della morte.

Han vaklede, stadig forsøgende at holde dødens kolde bid tilbage.

Aveva già visto situazioni simili, ma sempre dalla parte dei vincitori.

Han havde set dette før, men altid fra den vindende side.

Ora era dalla parte perdente; lo sconfitto; la preda; la morte.

Nu var han på den tabende side; den besejrede; byttet; døden.

Buck si preparò al colpo finale, mentre il cerchio dei cani si faceva sempre più stretto.

Buck gik i kredse for at give det sidste slag, hundekredsen pressede sig tættere på.

Poteva sentire i loro respiri caldi; erano pronti a uccidere.

Han kunne mærke deres varme åndedræt; klar til at blive dræbt.

Calò il silenzio; tutto era al suo posto; il tempo si era fermato.

Der faldt stilhed; alt var på sin plads; tiden var gået i stå.

Persino l'aria fredda tra loro si congelò per un ultimo istante.

Selv den kolde luft mellem dem frøs til et sidste øjeblik.

Soltanto Spitz si mosse, cercando di trattenere la sua fine amara.

Kun Spitz bevægede sig og forsøgte at holde sin bitre ende tilbage.

Il cerchio dei cani si stava stringendo attorno a lui, come era suo destino.

Hundekredsen lukkede sig om ham, ligesom hans skæbne var.

Ora era disperato, sapendo cosa stava per accadere.

Han var desperat nu, vel vidende hvad der ville ske.

Buck balzò dentro e la sua spalla incontrò la sua spalla per l'ultima volta.

Buck sprang ind, skulder mødte skulder en sidste gang.

I cani si lanciarono in avanti, nascondendo Spitz nell'oscurità della neve.

Hundene stormede frem og dækkede Spitz i det snedækkede mørke.

Buck osservava, eretto e fiero; il vincitore in un mondo selvaggio.

Buck så til, rank stående; sejrherren i en vild verden.

La bestia primordiale dominante aveva fatto la sua uccisione, e la aveva fatta bene.

Det dominerende urdyr havde gjort sit dræb, og det var godt.

Colui che ha conquistato la maestria
Han, som har vundet mesterskabet

"Eh? Cosa ho detto? Dico la verità quando dico che Buck è un diavolo."

"Øh? Hvad sagde jeg? Jeg taler sandt, når jeg siger, at Buck er en djævel."

François raccontò questo la mattina dopo aver scoperto la scomparsa di Spitz.

François sagde dette den næste morgen efter at have fundet Spitz savnet.

Buck rimase lì, coperto di ferite causate dal violento combattimento.

Buck stod der, dækket af sår fra den voldsomme kamp.

François tirò Buck vicino al fuoco e indicò le ferite.

François trak Buck hen til ilden og pegede på sårene.

«Quello Spitz ha combattuto come il Devik», disse Perrault, osservando i profondi tagli.

"Den Spitz kæmpede som Devik," sagde Perrault, mens han betragtede de dybe snitsår.

«E quel Buck si batteva come due diavoli», rispose subito François.

„Og at Buck kæmpede som to djævle," svarede François straks.

"Ora faremo buon passo; niente più Spitz, niente più guai."

"Nu skal vi have det godt; ikke mere Spitz, ikke mere ballade."

Perrault stava preparando l'attrezzatura e caricò la slitta con cura.

Perrault pakkede udstyret og læssede slæden omhyggeligt.

François bardò i cani per prepararli alla corsa della giornata.

François spændte hundene for som forberedelse til dagens løbetur.

Buck trotterellò dritto verso la posizione di testa, precedentemente occupata da Spitz.

Buck travede direkte til den førende position, som Spitz engang havde haft.

Ma François, senza accorgersene, condusse Solleks in prima linea.

Men François, uden at bemærke det, førte Solleks frem til fronten.

Secondo François, Solleks era ora il miglior cane da corsa.

Efter François' vurdering var Solleks nu den bedste førerhund.

Buck si scagliò furioso contro Solleks e lo respinse indietro in segno di protesta.

Buck sprang rasende mod Solleks og drev ham tilbage i protest.

Si fermò dove un tempo si era fermato Spitz, rivendicando la posizione di comando.

Han stod, hvor Spitz engang havde stået, og gjorde krav på den førende position.

"Eh? Eh?" esclamò François, dandosi una pacca sulle cosce divertito.

"Eh? Eh?" udbrød François og slog sig muntert på lårene.

"Guarda Buck: ha ucciso Spitz, ora vuole prendersi il posto!"

"Se på Buck – han dræbte Spitz, nu vil han tage jobbet!"

"Vattene via, Chook!" urlò, cercando di scacciare Buck.

"Gå væk, Chook!" råbte han og forsøgte at skræmme Buck væk.

Ma Buck si rifiutò di muoversi e rimase immobile nella neve.

Men Buck nægtede at røre sig og stod fast i sneen.

François afferrò Buck per la collottola e lo trascinò da parte.

François greb fat i Bucks halsskind og trak ham til side.

Buck ringhiò basso e minaccioso, ma non attaccò.

Buck knurrede lavt og truende, men angreb ikke.

François rimette Solleks in testa, cercando di risolvere la disputa

François bragte Solleks tilbage i føringen og forsøgte at bilægge striden.

Il vecchio cane mostrò paura di Buck e non voleva restare.

Den gamle hund viste frygt for Buck og ville ikke blive.

Quando François gli voltò le spalle, Buck scacciò di nuovo Solleks.

Da François vendte ryggen til, drev Buck Solleks ud igen.

Solleks non oppose resistenza e si fece di nuovo da parte in silenzio.

Solleks gjorde ikke modstand og trådte stille til side endnu engang.

François si arrabbiò e urlò: "Per Dio, ti sistemo!"

François blev vred og råbte: "Ved Gud, jeg ordner dig!"

Si avvicinò a Buck tenendo in mano una pesante mazza.

Han kom hen imod Buck med en tung kølle i hånden.

Buck ricordava bene l'uomo con il maglione rosso.

Buck huskede tydeligt manden i den røde sweater.

Si ritirò lentamente, osservando François ma ringhiando profondamente.

Han trak sig langsomt tilbage, mens han iagttog François, men knurrede dybt.

Non si affrettò a tornare indietro, nemmeno quando Solleks si mise al suo posto.

Han skyndte sig ikke tilbage, selv da Solleks stod på hans plads.

Buck si girò in cerchio, appena fuori dalla sua portata, ringhiando furioso e protestando.

Buck cirklede lige uden for rækkevidde, mens han knurrede i raseri og protest.

Teneva gli occhi fissi sulla mazza, pronto a schivare il colpo se François l'avesse lanciata.

Han holdt blikket rettet mod køllen, klar til at undvige, hvis François kastede.

Era diventato saggio e cauto nei confronti degli uomini che maneggiavano le armi.

Han var blevet klog og på vagt over for mænd med våben.

François si arrese e chiamò di nuovo Buck al suo vecchio posto.

François gav op og kaldte Buck tilbage til sit tidligere sted igen.

Ma Buck fece un passo indietro con cautela, rifiutandosi di obbedire all'ordine.

Men Buck trådte forsigtigt tilbage og nægtede at adlyde ordren.

François lo seguì, ma Buck indietreggiò solo di pochi passi.

François fulgte efter, men Buck trak sig kun et par skridt tilbage.

Dopo un po' François gettò a terra l'arma, frustrato.

Efter et stykke tid kastede François våbnet fra sig i frustration.

Pensava che Buck avesse paura di essere picchiato e che avrebbe fatto lo stesso senza far rumore.

Han troede, at Buck frygtede at blive slået, og at han ville komme stille og roligt.

Ma Buck non stava evitando la punizione: stava lottando per ottenere un rango.

Men Buck undgik ikke straf – han kæmpede for rang.

Si era guadagnato il posto di capobranco combattendo fino alla morte

Han havde fortjent førerhundspladsen gennem en kamp på liv og død

non si sarebbe accontentato di niente di meno che di essere il leader.

Han ville ikke nøjes med andet end at være leder.

Perrault si unì all'inseguimento per aiutare a catturare il ribelle Buck.

Perrault tog en hånd med i jagten for at hjælpe med at fange den oprørske Buck.

Insieme lo portarono in giro per l'accampamento per quasi un'ora.

Sammen løb de ham rundt i lejren i næsten en time.

Gli scagliarono contro dei bastoni, ma Buck li schivò abilmente uno per uno.

De kastede køller efter ham, men Buck undveg hver enkelt dygtigt.

Maledissero lui, i suoi antenati, i suoi discendenti e ogni suo capello.

De forbandede ham, hans forfædre, hans efterkommere og hvert et hårstrå på ham.

Ma Buck si limitò a ringhiare e a restare appena fuori dalla loro portata.

Men Buck knurrede bare tilbage og holdt sig lige uden for deres rækkevidde.

Non cercò mai di scappare, ma continuò a girare intorno all'accampamento deliberatamente.

Han forsøgte aldrig at løbe væk, men gik bevidst rundt om lejren.

Disse chiaramente che avrebbe obbedito una volta ottenuto ciò che voleva.

Han gjorde det klart, at han ville adlyde, når de først havde givet ham, hvad han ønskede.

Alla fine François si sedette e si grattò la testa, frustrato.

François satte sig endelig ned og kløede sig frustreret i hovedet.

Perrault controllò l'orologio, imprecò e borbottò qualcosa sul tempo perso.

Perrault kiggede på sit ur, bandede og mumlede om tabt tid.

Era già trascorsa un'ora, mentre avrebbero dovuto essere sulle tracce.

Der var allerede gået en time, hvor de burde have været på sporet.

François alzò le spalle timidamente, guardando il corriere, che sospirò sconfitto.

François trak fåret på skuldrene mod kureren, som sukkede nederlagent.

Poi François si avvicinò a Solleks e chiamò ancora una volta Buck.

Så gik François hen til Solleks og kaldte endnu engang på Buck.

Buck rise come ride un cane, ma mantenne una cauta distanza.

Buck lo som en hund griner, men holdt sig forsigtigt på afstand.

François tolse l'imbracatura a Solleks e lo rimise al suo posto.

François tog Solleks' sele af og bragte ham tilbage på sin plads.

La squadra di slittini era completamente imbracata, con un solo posto libero.

Slædeholdet stod fuldt spændt, med kun én ledig plads.

La posizione di comando rimase vuota, chiaramente riservata solo a Buck.

Føringspositionen forblev tom, tydeligvis kun tiltænkt Buck.

François chiamò di nuovo e di nuovo Buck rise e mantenne la sua posizione.

François kaldte igen, og igen lo Buck og holdt stand.

«Gettate giù la mazza», ordinò Perrault senza esitazione.

"Smid køllen ned," beordrede Perrault uden tøven.

François obbedì e Buck si lanciò subito avanti con orgoglio.

François adlød, og Buck travede straks stolt frem.

Rise trionfante e assunse la posizione di comando.

Han lo triumferende og trådte ind i førerpositionen.

François fissò le corde e la slitta si staccò.

François sikrede sine spor, og slæden blev brudt løs.

Entrambi gli uomini corsero fianco a fianco mentre la squadra si lanciava lungo il sentiero del fiume.

Begge mænd løb side om side, mens holdet løb ind på flodstien.

François aveva avuto una grande stima dei "due diavoli" di Buck,

François havde haft høje tanker om Bucks "to djævle".

ma ben presto si rese conto di aver in realtà sottovalutato il cane.

men han indså hurtigt, at han faktisk havde undervurderet hunden.

Buck assunse rapidamente la leadership e si comportò in modo eccellente.

Buck overtog hurtigt lederskabet og præsterede med fremragende præstation.

Buck superò Spitz per capacità di giudizio, rapidità di pensiero e rapidità di azione.

I dømmekraft, hurtig tænkning og hurtig handling overgik Buck Spitz.

François non aveva mai visto un cane pari a quello che Buck mostrava ora.

François havde aldrig set en hund, der kunne måle sig med den, Buck nu fremviste.

Ma Buck eccelleva davvero nel far rispettare l'ordine e nel imporre rispetto.

Men Buck udmærkede sig virkelig ved at håndhæve orden og indgyde respekt.

Dave e Solleks accettarono il cambiamento senza preoccupazioni o proteste.

Dave og Solleks accepterede ændringen uden bekymring eller protest.

Si concentravano solo sul lavoro e tiravano forte le redini.

De fokuserede kun på arbejde og at trække hårdt i tøjlerne.

A loro importava poco chi guidasse, purché la slitta continuasse a muoversi.

De var ligeglade med, hvem der førte, så længe slæden blev ved med at bevæge sig.

Billee, quella allegra, avrebbe potuto comandare per quel che volevano.

Billee, den muntre, kunne have ledet an uanset hvad de brød sig om.

Ciò che contava per loro era la pace e l'ordine tra i ranghi.

Det, der betød noget for dem, var ro og orden i rækkerne.

Il resto della squadra era diventato indisciplinato durante il declino di Spitz.

Resten af holdet var blevet uregerligt under Spitz' tilbagegang.

Rimasero scioccati quando Buck li riportò immediatamente all'ordine.

De var chokerede, da Buck straks bragte dem til orden.

Pike era sempre stato pigro e aveva sempre tergiversato dietro a Buck.

Pike havde altid været doven og havde slæbt fødderne efter Buck.

Ma ora è stato severamente disciplinato dalla nuova leadership.

Men nu blev han skarpt disciplineret af den nye ledelse.

E imparò rapidamente a dare il suo contributo alla squadra.

Og han lærte hurtigt at trække sin balk på holdet.

Alla fine della giornata, Pike lavorò più duramente che mai.

Ved dagens slutning arbejdede Pike hårdere end nogensinde før.

Quella notte all'accampamento, Joe, il cane scontroso, fu finalmente domato.

Den aften i lejren blev Joe, den sure hund, endelig underkuet.

Spitz non era riuscito a disciplinarlo, ma Buck non aveva fallito.

Spitz havde undladt at disciplinere ham, men Buck fejlede ikke.

Sfruttando il suo peso maggiore, Buck sopraffece Joe in pochi secondi.

Ved at bruge sin større vægt overmandede Buck Joe på få sekunder.

Morse e picchiò Joe finché questi non si mise a piagnucolare e smise di opporre resistenza.

Han bed og slog Joe, indtil han klynkede og holdt op med at gøre modstand.

Da quel momento in poi l'intera squadra migliorò.

Hele holdet forbedrede sig fra det øjeblik.

I cani ritrovarono la loro antica unità e disciplina.

Hundene genvandt deres gamle sammenhold og disciplin.

A Rink Rapids si sono uniti al gruppo due nuovi husky autoctoni, Teek e Koona.

Ved Rink Rapids kom to nye indfødte huskies, Teek og Koona, til.

La rapidità con cui Buck li addestramento stupì perfino François.

Bucks hurtige træning af dem forbløffede selv François.

"Non è mai esistito un cane come quel Buck!" esclamò stupito.

"Aldrig har der været sådan en hund som den Buck!" udbrød han forbløffet.

"No, mai! Vale mille dollari, per Dio!"

"Nej, aldrig! Han er tusind dollars værd, for pokker!"

"Eh? Che ne dici, Perrault?" chiese con orgoglio.

"Eh? Hvad siger du, Perrault?" spurgte han stolt.

Perrault annuì in segno di assenso e controllò i suoi appunti.

Perrault nikkede samtykkende og tjekkede sine noter.

Siamo già in anticipo sui tempi e guadagniamo sempre di più ogni giorno.

Vi er allerede foran tidsplanen og får mere hver dag.

Il sentiero era compatto e liscio, senza neve fresca.

Stien var hårdt pakket og jævn, uden nysne.

Il freddo era costante, con temperature che si aggiravano sempre sui cinquanta gradi sotto zero.

Kulden var støt og svævede på halvtreds minusgrader hele tiden.

Per scaldarsi e guadagnare tempo, gli uomini si alternavano a cavallo e a correre.

Mændene red og løb på skift for at holde varmen og få tid.

I cani correvano veloci, fermandosi di rado, spingendosi sempre in avanti.

Hundene løb hurtigt med få stop, altid skubbede de fremad.

Il fiume Thirty Mile era per la maggior parte ghiacciato e facile da attraversare.

Thirty Mile-floden var for det meste frossen og nem at krydse.

In un giorno realizzarono ciò che per arrivare aveva impiegato dieci giorni.

De drog ud på én dag, hvad der havde taget ti dage at komme ind.

Percorsero circa 96 chilometri dal lago Le Barge a White Horse.

De susede 10 kilometer fra Lake Le Barge til White Horse.

Si muovevano a velocità incredibile attraverso i laghi Marsh, Tagish e Bennett.

Hen over Marsh, Tagish og Bennett Lakes bevægede de sig utroligt hurtigt.

L'uomo che correva veniva trainato dietro la slitta con una corda.

Den løbende mand bugserede bag slæden i et reb.

L'ultima notte della seconda settimana giunsero a destinazione.

På den sidste aften i uge to nåede de deres destination.

Insieme avevano raggiunto la cima del White Pass.

De havde nået toppen af White Pass sammen.

Scesero fino al livello del mare, con le luci dello Skaguay sotto di loro.

De faldt ned til havets overflade med Skaguays lys under dem.

Era stata una corsa da record attraverso chilometri di fredda natura selvaggia.

Det havde været en rekordslået løbetur gennem kilometervis af kold vildmark.

Per quattordici giorni di fila percorsero in media circa quaranta miglia.

I fjorten dage i træk tilbagelagde de et gennemsnit på 64 kilometer.

A Skaguay, Perrault e François trasportavano merci attraverso la città.

I Skaguay flyttede Perrault og François gods gennem byen.

Furono applauditi e ricevettero numerose bevande dalla folla ammirata.

De blev hyldet og tilbudt mange drinks af beundrende folkemængder.

I cacciatori di cani e gli operai si sono riuniti attorno alla famosa squadra cinofila.

Hundejagtere og arbejdere samledes omkring det berømte hundespand.

Poi i fuorilegge del West giunsero in città e subirono una violenta sconfitta.

Så kom vestlige fredløse til byen og led et voldsomt nederlag.

La gente si dimenticò presto della squadra e si concentrò sul nuovo dramma.

Folket glemte hurtigt holdet og fokuserede på nyt drama.

Poi arrivarono i nuovi ordini che cambiarono tutto in un colpo.

Så kom de nye ordrer, der ændrede alt på én gang.

François chiamò Buck e lo abbracciò con orgoglio e lacrime.

François kaldte Buck hen til sig og krammede ham med tårevædet stolthed.

Quel momento fu l'ultima volta che Buck vide di nuovo François.

Det øjeblik var sidste gang Buck nogensinde så François igen.

Come molti altri uomini prima di lui, sia François che Perrault se n'erano andati.

Ligesom mange mænd før var både François og Perrault væk.

Un meticcio scozzese si prese cura di Buck e dei suoi compagni di squadra con i cani da slitta.

En skotsk halvblodshund tog ansvaret for Buck og hans slædehundekammerater.

Con una dozzina di altre mute di cani, ritornarono lungo il sentiero fino a Dawson.

Med et dusin andre hundehold vendte de tilbage langs stien til Dawson.

Non si trattava più di una corsa veloce, ma solo di un duro lavoro con un carico pesante ogni giorno.

Det var ikke længere nogen hurtig løbetur – bare hårdt slid med en tung last hver dag.

Si trattava del treno postale che portava notizie ai cercatori d'oro vicino al Polo.

Dette var posttoget, der bragte bud til guldjægere nær polen.

Buck non amava il lavoro, ma lo sopportò bene, essendo orgoglioso del suo impegno.

Buck kunne ikke lide arbejdet, men han bar det godt og var stolt af sin indsats.

Come Dave e Solleks, Buck dimostrava dedizione in ogni compito quotidiano.

Ligesom Dave og Solleks viste Buck hengivenhed til hver eneste daglige opgave.

Si è assicurato che tutti i suoi compagni di squadra dessero il massimo.

Han sørgede for, at hans holdkammerater hver især ydede deres rette pligt.

La vita sui sentieri divenne noiosa e si ripeteva con la precisione di una macchina.

Livet på stierne blev kedeligt, gentaget med en maskines præcision.

Ogni giorno era uguale, una mattina si fondeva con quella successiva.

Hver dag føltes ens, den ene morgen smeltede sammen med den næste.

Alla stessa ora, i cuochi si alzarono per accendere il fuoco e preparare il cibo.

I samme time stod kokkene op for at lave bål og tilberede mad.

Dopo colazione alcuni lasciarono l'accampamento mentre altri attaccarono i cani.

Efter morgenmaden forlod nogle lejren, mens andre spændte hundene for.

Raggiunsero il sentiero prima che il pallido segnale dell'alba sfiorasse il cielo.

De ramte stien, før den svage varsling om daggry rørte himlen.

Di notte si fermavano per accamparsi, e a ogni uomo veniva assegnato un compito.

Om natten stoppede de for at slå lejr, hver mand med en fast opgave.

Alcuni montarono le tende, altri tagliarono la legna da ardere e raccolsero rami di pino.

Nogle slog telte op, andre fældede brænde og samlede fyrregrene.

Acqua o ghiaccio venivano portati ai cuochi per la cena serale.

Vand eller is blev båret tilbage til kokkene til aftensmåltidet.

I cani vennero nutriti e per loro quello fu il momento migliore della giornata.

Hundene blev fodret, og dette var den bedste del af dagen for dem.

Dopo aver mangiato il pesce, i cani si rilassarono e oziarono vicino al fuoco.

Efter at have spist fisk, slappede hundene af og lå ved bålet.

Nel convoglio c'erano un centinaio di altri cani con cui socializzare.

Der var hundrede andre hunde i konvojen at blande sig med.

Molti di quei cani erano feroci e pronti a combattere senza preavviso.

Mange af disse hunde var vilde og hurtige til at slås uden varsel.

Ma dopo tre vittorie, Buck riuscì a domare anche i combattenti più feroci.

Men efter tre sejre mestrede Buck selv de vildeste kæmpere.

Ora, quando Buck ringhiò e mostrò i denti, loro si fecero da parte.

Da Buck knurrede og viste tænderne, trådte de til side.

Forse la cosa più bella di tutte era che a Buck piaceva sdraiarsi vicino al fuoco tremolante.

Måske allerbedst elskede Buck at ligge nær det blafrende lejrbål.

Si accovacciò, con le zampe posteriori ripiegate e quelle anteriori distese in avanti.

Han krøb sammen med bagbenene indad og forbenene strakt fremad.

Teneva la testa sollevata e sbatteva dolcemente le palpebre verso le fiamme ardenti.

Hans hoved var løftet, mens han blinkede sagte mod de glødende flammer.

A volte ricordava la grande casa del giudice Miller a Santa Clara.

Nogle gange huskede han dommer Millers store hus i Santa Clara.

Pensò alla piscina di cemento, a Ysabel e al carlino di nome Toots.

Han tænkte på cementbassinet, på Ysabel og mopsen, der hed Toots.

Ma più spesso si ricordava del bastone dell'uomo con il maglione rosso.

Men oftere huskede han manden med den røde sweaters
kølle.

**Ricordava la morte di Curly e la sua feroce battaglia con
Spitz.**

Han huskede Krøllets død og hans voldsomme kamp med
Spitz.

**Ricordava anche il buon cibo che aveva mangiato o che
ancora sognava.**

Han huskede også den gode mad, han havde spist eller stadig
drømte om.

**Buck non aveva nostalgia di casa: la valle calda era lontana e
irreale.**

Buck havde ikke hjemve – den varme dal var fjern og
uvirkelig.

**I ricordi della California non avevano più alcun fascino su di
lui.**

Minderne fra Californien havde ikke længere nogen reel
tiltrækningskraft på ham.

**Più forti della memoria erano gli istinti radicati nella sua
stirpe.**

Stærkere end hukommelsen var instinkter dybt i hans
blodslinje.

**Le abitudini un tempo perdute erano tornate, ravvivate dal
sentiero e dalla natura selvaggia.**

Engang tabte vaner var vendt tilbage, genoplivet af stien og
naturen.

**Mentre Buck osservava la luce del fuoco, a volte questa
diventava qualcos'altro.**

Når Buck så på ildens skær, blev det sommetider til noget
andet.

**Vide alla luce del fuoco un altro fuoco, più vecchio e più
profondo di quello attuale.**

Han så i ildens skær en anden ild, ældre og dybere end den
nuværende.

**Accanto all'altro fuoco era accovacciato un uomo che non
somigliava per niente al cuoco meticcio.**

Ved siden af den anden ild lå en mand, ulig den halvblodskok.

Questa figura aveva gambe corte, braccia lunghe e muscoli duri e contratti.

Denne figur havde korte ben, lange arme og hårde, knudrede muskler.

I suoi capelli erano lunghi e arruffati, e gli scendevano all'indietro a partire dagli occhi.

Hans hår var langt og filtret og skrånede bagover fra øjnene.

Emetteva strani suoni e fissava l'oscurità con paura.

Han lavede mærkelige lyde og stirrede frygtsomt ud i mørket.

Teneva bassa una mazza di pietra, stretta saldamente nella sua mano lunga e ruvida.

Han holdt en stenkølle lavt, fast grebet i sin lange, ru hånd.

L'uomo indossava ben poco: solo una pelle carbonizzata che gli pendeva lungo la schiena.

Manden havde kun lidt på; kun en forkullet hud, der hang ned ad ryggen.

Il suo corpo era ricoperto da una folta peluria sulle braccia, sul petto e sulle cosce.

Hans krop var dækket af tykt hår på tværs af arme, bryst og lår.

Alcune parti del pelo erano aggrovigliate e formavano chiazze di pelo ruvido.

Nogle dele af håret var viklet ind i pletter af ru pels.

Non stava dritto, ma era piegato in avanti dai fianchi alle ginocchia.

Han stod ikke lige, men bøjede sig forover fra hofterne til knæene.

I suoi passi erano elastici e felini, come se fosse sempre pronto a scattare.

Hans skridt var spændstige og katteagtige, som om han altid var klar til at springe.

C'era una forte allerta, come se vivesse nella paura costante.

Der var en skarp årvågenhed, som om han levede i konstant frygt.

Quest'uomo anziano sembrava aspettarsi il pericolo, indipendentemente dal fatto che questo venisse visto o meno.

Denne oldgamle mand syntes at forvente fare, uanset om faren blev set eller ej.

A volte l'uomo peloso dormiva accanto al fuoco, con la testa tra le gambe.

Til tider sov den behårede mand ved ilden med hovedet mellem benene.

Teneva i gomiti sulle ginocchia e le mani giunte sopra la testa.

Hans albuer hvilede på hans knæ, hænderne foldet over hans hoved.

Come un cane, usava le sue braccia pelose per proteggersi dalla pioggia che cadeva.

Ligesom en hund brugte han sine behårede arme til at afværge den faldende regn.

Oltre la luce del fuoco, Buck vide due carboni ardenti che ardevano nell'oscurità.

Bag ildens skær så Buck to kul, der glødede i mørket.

Sempre a due a due, erano gli occhi delle bestie da preda.

Altid to og to var de øjnene på forfølgende rovdyr.

Sentì corpi che si infrangevano tra i cespugli e rumori provenienti dalla notte.

Han hørte lig brage gennem krat og lyde fra natten.

Sdraiato sulla riva dello Yukon, sbattendo le palpebre, Buck sognò accanto al fuoco.

Buck lå blinkende på Yukon-bredden og drømte ved ilden.

Le immagini e i suoni di quel mondo selvaggio gli fecero rizzare i capelli.

Synene og lydene fra den vilde verden fik ham til at rejse sig i hårene.

La pelliccia gli si drizzò lungo la schiena, sulle spalle e sul collo.

Pelsen hævede sig langs hans ryg, hans skuldre og op ad hans hals.

Gemeva piano o emetteva un ringhio basso dal profondo del petto.

Han klynkede sagte eller udstødte en lav knurren dybt i brystet.

Allora il cuoco meticcio urlò: "Ehi, Buck, svegliati!"

Så råbte den halvblods kok: "Hey, din Buck, vågn op!"

Il mondo dei sogni svanì e la vera vita tornò agli occhi di Buck.

Drømmeverdenen forsvandt, og det virkelige liv vendte tilbage i Bucks øjne.

Si sarebbe alzato, si sarebbe stiracchiato e avrebbe sbadigliato, come se si fosse svegliato da un pisolino.

Han ville til at stå op, strække sig og gabe, som om han var vækket fra en lur.

Il viaggio era duro, con la slitta postale che li trascinava dietro.

Turen var hård, med postslæden slæbende bag dem.

Carichi pesanti e lavoro duro sfinivano i cani ogni lunga giornata.

Tunge læs og hårdt arbejde slidte hundene op hver lange dag.

Arrivarono a Dawson magro, stanco e con bisogno di più di una settimana di riposo.

De nåede Dawson tynde, trætte og havde brug for over en uges hvile.

Ma solo due giorni dopo ripartirono per lo Yukon.

Men kun to dage senere begav de sig igen ned ad Yukon-floden.

Erano carichi di altre lettere dirette al mondo esterno.

De var fyldt med flere breve på vej til omverdenen.

I cani erano esausti e gli uomini si lamentavano in continuazione.

Hundene var udmattede, og mændene klagede konstant.

Ogni giorno cadeva la neve, ammorbidendo il sentiero e rallentando le slitte.

Sneen faldt hver dag, hvilket gjorde stien blødere og bremsede slæderne.

Ciò rendeva la trazione più dura e aumentava la resistenza delle guide.

Dette gjorde at løberne trak hårdere og fik mere modstand.

Nonostante ciò, i piloti si sono dimostrati leali e hanno avuto cura delle loro squadre.

På trods af det var chaufførerne fair og tog sig af deres hold.

Ogni notte, i cani venivano nutriti prima che gli uomini mangiassero.

Hver aften blev hundene fodret, inden mændene fik mad.

Nessun uomo dormiva prima di controllare le zampe del proprio cane.

Ingen mand sover, før han tjekker sin egen hunds fødder.

Tuttavia, i cani diventavano sempre più deboli man mano che i chilometri consumavano i loro corpi.

Alligevel blev hundene svagere, efterhånden som kilometerne blev slidt på deres kroppe.

Avevano viaggiato per milleottocento miglia durante l'inverno.

De havde rejst atten hundrede mil gennem vinteren.

Percorrevano ogni miglio di quella distanza brutale trainando le slitte.

De trak slæder over hver en kilometer af den brutale afstand.

Anche i cani da slitta più resistenti provano tensione dopo tanti chilometri.

Selv de sejeste slædehunde føler en belastning efter så mange kilometer.

Buck tenne duro, fece sì che la sua squadra lavorasse e mantenne la disciplina.

Buck holdt ud, holdt sit hold i gang og opretholdt disciplinen.

Ma Buck era stanco, proprio come gli altri durante il lungo viaggio.

Men Buck var træt, ligesom de andre på den lange rejse.

Billee piagnucolava e piangeva nel sonno ogni notte, senza sosta.

Billee klynkede og græd i søvne hver nat uden undtagelse.

Joe diventò ancora più amareggiato e Solleks rimase freddo e distante.

Joe blev endnu mere bitter, og Solleks forblev kold og fjern.

Ma è stato Dave a soffrire di più di tutta la squadra.

Men det var Dave, der led det værst af hele holdet.

Qualcosa dentro di lui era andato storto, anche se nessuno sapeva cosa.

Noget var gået galt indeni ham, selvom ingen vidste hvad.

Divenne più lunatico e aggredì gli altri con rabbia crescente.

Han blev mere humørsyg og snappede ad andre med voksende vrede.

Ogni notte andava dritto al suo nido, in attesa di essere nutrito.

Hver nat gik han direkte til sin rede og ventede på at blive fodret.

Una volta a terra, Dave non si alzò più fino al mattino.

Da han først var nede, stod Dave ikke op igen før om morgenen.

Sulle redini, gli improvvisi strattoni o sussulti lo facevano gridare di dolore.

På tøjlerne fik pludselige ryk eller start ham til at skrige af smerte.

L'autista ha cercato di capirne la causa, ma non ha trovato ferite.

Hans chauffør ledte efter årsagen, men fandt ingen skader på ham.

Tutti gli autisti cominciarono a osservare Dave e a discutere del suo caso.

Alle chaufførerne begyndte at holde øje med Dave og diskuterede hans sag.

Parlarono durante i pasti e durante l'ultima sigaretta della giornata.

De talte sammen ved måltiderne og under dagens sidste rygning.

Una notte tennero una riunione e portarono Dave al fuoco.

En aften holdt de et møde og bragte Dave hen til ilden.

Gli premevano e palpavano il corpo e lui gridava spesso.

De pressede og undersøgte hans krop, og han græd ofte.

Era evidente che qualcosa non andava, anche se non sembrava esserci nessuna frattura.

Der var tydeligvis noget galt, selvom ingen knogler syntes at være brækkede.

Quando arrivarono al Cassiar Bar, Dave stava cadendo.

Da de nåede Cassiar Bar, var Dave ved at falde om.

Il meticcio scozzese impose uno stop e rimosse Dave dalla squadra.

Den skotske halvblodsrace stoppede og fjernede Dave fra holdet.

Fissò Solleks al posto di Dave, il più vicino possibile alla parte anteriore della slitta.

Han fastgjorde Solleks på Daves plads, tættest på slædens forende.

Voleva lasciare che Dave riposasse e corresse libero dietro la slitta in movimento.

Han havde til hensigt at lade Dave hvile sig og løbe frit bag den bevægelige slæde.

Ma nonostante la malattia, Dave odiava che gli venisse tolto il lavoro che aveva ricoperto.

Men selv da han var syg, hadede Dave at blive taget fra det job, han havde haft.

Ringhiò e piagnucolò quando gli strapparono le redini dal corpo.

Han knurrede og klynkede, da tøjlerne blev trukket fra hans krop.

Quando vide Solleks al suo posto, pianse disperato.

Da han så Solleks på sin plads, græd han af knust hjerte.

L'orgoglio per il lavoro sui sentieri era profondo in Dave, anche quando la morte si avvicinava.

Stoltheden over arbejdet på stierne sad dybt i Dave, selv da døden nærmede sig.

Mentre la slitta si muoveva, Dave arrancava nella neve soffice vicino al sentiero.

Mens slæden bevægede sig, famlede Dave gennem den bløde sne nær stien.

Attaccò Solleks, mordendolo e spingendolo giù dal lato della slitta.

Han angreb Solleks, bed og skubbede ham fra slædens side.

Dave cercò di saltare nell'imbracatura e di riprendersi il suo posto di lavoro.

Dave forsøgte at hoppe i selen og generobre sin arbejdsplads.

Lui guaiva, si lamentava e piangeva, diviso tra il dolore e l'orgoglio del parto.

Han gøs, klynkede og græd, splittet mellem smerte og stolthed over arbejdet.

Il meticcio usò la frusta per cercare di allontanare Dave dalla squadra.

Halvblodshunden brugte sin pisk til at forsøge at drive Dave væk fra holdet.

Ma Dave ignorò la frustata e l'uomo non riuscì a colpirlo più forte.

Men Dave ignorerede piskeslaget, og manden kunne ikke slå ham hårdere.

Dave rifiutò il sentiero più facile dietro la slitta, dove la neve era compatta.

Dave afviste den nemmere sti bag slæden, hvor sneen var pakket sammen.

Invece, si ritrovò a lottare nella neve profonda, ai lati del sentiero, in preda alla miseria.

I stedet kæmpede han i den dybe sne ved siden af stien, i elendighed.

Alla fine Dave crollò, giacendo sulla neve e urlando di dolore.

Til sidst kollapsede Dave, liggende i sneen og hylede af smerte.

Lanciò un grido mentre la lunga fila di slitte gli passava accanto una dopo l'altra.

Han råbte højt, da det lange tog af slæder passerede ham en efter en.

Tuttavia, con le poche forze che gli rimanevano, si alzò e barcollò dietro di loro.

Alligevel rejste han sig med den styrke, der var tilbage, og snublede efter dem.

Quando il treno si fermò di nuovo, lo raggiunse e trovò la sua vecchia slitta.

Han indhentede ham, da toget stoppede igen, og fandt sin gamle slæde.

Superò con difficoltà le altre squadre e tornò a posizionarsi accanto a Solleks.

Han famlede forbi de andre hold og stod igen ved siden af Solleks.

Mentre l'autista si fermava per accendere la pipa, Dave colse l'ultima occasione.

Da chaufføren holdt pause for at tænde sin pibe, tog Dave sin sidste chance.

Quando l'autista tornò e urlò, la squadra non avanzò.

Da chaufføren vendte tilbage og råbte, bevægede holdet sig ikke fremad.

I cani avevano girato la testa, confusi dall'improvviso arresto.

Hundene havde vendt hovedet, forvirrede over den pludselige standsning.

Anche il conducente era scioccato: la slitta non si era mossa di un centimetro in avanti.

Føreren var også chokeret – slæden var ikke rykket en tomme fremad.

Chiamò gli altri perché venissero a vedere cosa era successo.

Han råbte til de andre, at de skulle komme og se, hvad der var sket.

Dave aveva masticato le redini di Solleks, spezzandole entrambe.

Dave havde tygget sig igennem Solleks' tøjler og brækket begge fra hinanden.

Ora era di nuovo in piedi davanti alla slitta, nella sua giusta posizione.

Nu stod han foran slæden, tilbage på sin rette plads.

Dave alzò lo sguardo verso l'autista, implorandolo silenziosamente di restare al passo.

Dave kiggede op på chaufføren og tryglede lydløst om at blive i sporene.

L'autista era perplesso e non sapeva cosa fare per il cane in difficoltà.

Føreren var forvirret og usikker på, hvad han skulle gøre med den kæmpende hund.

Gli altri uomini parlavano di cani morti perché li avevano portati fuori.

De andre mænd talte om hunde, der var døde af at blive taget ud.

Raccontavano di cani vecchi o feriti il cui cuore si era spezzato quando erano stati abbandonati.

De fortalte om gamle eller tilskadekomne hunde, hvis hjerter knuste, når de blev efterladt.

Concordarono che era un atto di misericordia lasciare che Dave morisse mentre era ancora imbrigliato.

De var enige om, at det var barmhjertighed at lade Dave dø, mens han stadig var i sin sele.

Fu rimesso in sicurezza sulla slitta e Dave tirò con orgoglio.

Han blev spændt tilbage på slæden, og Dave trak med stolthed.

Anche se a volte gridava, lavorava come se il dolore potesse essere ignorato.

Selvom han græd til tider, arbejdede han, som om smerte kunne ignoreres.

Più di una volta cadde e fu trascinato prima di rialzarsi.

Mere end én gang faldt han og blev slæbt med, før han rejste sig igen.

A un certo punto la slitta gli rotolò addosso e da quel momento in poi zoppicò.

Engang rullede slæden over ham, og han haltede fra det øjeblik.

Nonostante ciò, lavorò finché non raggiunse l'accampamento e poi si sdraiò accanto al fuoco.

Alligevel arbejdede han, indtil han nåede lejren, og lå derefter ved bålet.

Al mattino Dave era troppo debole per muoversi o anche solo per stare in piedi.

Om morgenen var Dave for svag til at rejse eller endda stå oprejst.

Al momento di allacciare l'imbracatura, cercò di raggiungere il suo autista con sforzi tremanti.

Da det var tid til at spænde bilen fast, forsøgte han med rystende anstrengelse at nå sin chauffør.

Si sforzò di rialzarsi, barcollò e crollò sul terreno innevato.

Han tvang sig op, vaklede og kollapsede ned på den snedækkede jord.

Utilizzando le zampe anteriori, trascinò il suo corpo verso la zona dell'imbracatura.

Ved hjælp af sine forben slæbte han sin krop hen mod seleområdet.

Si fece avanti, centimetro dopo centimetro, verso i cani da lavoro.

Han slæbte sig frem, tomme for tomme, mod arbejdshundene.

Le forze gli cedettero, ma continuò a muoversi nel suo ultimo disperato tentativo.

Hans kræfter slap op, men han fortsatte i sit sidste desperate skub.

I suoi compagni di squadra lo videro ansimare nella neve, ancora desideroso di unirsi a loro.

Hans holdkammerater så ham gispe i sneen, stadig længselsfuld efter at slutte sig til dem.

Lo sentirono urlare di dolore mentre si lasciavano alle spalle l'accampamento.

De hørte ham hyle af sorg, da de forlod lejren.

Mentre la squadra svaniva tra gli alberi, il grido di Dave risuonava dietro di loro.

Da holdet forsvandt ind i træerne, genlød Daves råb bag dem.

Il treno delle slitte si fermò brevemente dopo aver attraversato un tratto di fiume ricco di boschi.

Slædetoget stoppede kort efter at have krydset en strækning med flodtømmer.

Il meticcio scozzese tornò lentamente verso l'accampamento alle sue spalle.

Den skotske halvblodshund gik langsomt tilbage mod lejren bagved.

Gli uomini smisero di parlare quando lo videro scendere dal treno delle slitte.

Mændene holdt op med at tale, da de så ham forlade slædetoget.

Poi un singolo colpo di pistola risuonò chiaro e netto attraverso il sentiero.

Så lød et enkelt skud klart og skarpt hen over stien.

L'uomo tornò rapidamente e prese il suo posto senza dire una parola.

Manden vendte hurtigt tilbage og indtog sin plads uden et ord.

Le fruste schioccavano, i campanelli tintinnavano e le slitte avanzavano sulla neve.

Piske klang, klokker klang, og slæderne rullede videre gennem sneen.

Ma Buck sapeva cosa era successo, come tutti gli altri cani.

Men Buck vidste, hvad der var sket – og det gjorde alle andre hunde også.

La fatica delle redini e del sentiero
Tøjlernes og sporets slid

Trenta giorni dopo aver lasciato Dawson, la Salt Water Mail raggiunse Skaguay.
Tredive dage efter at have forladt Dawson, nåede Salt Water Mail Skaguay.

Buck e i suoi compagni di squadra presero il comando e arrivarono in condizioni pietose.
Buck og hans holdkammerater tog føringen og ankom i ynkelig forfatning.

Buck era sceso da 140 a 150 chili.
Buck var tabt sig fra hundrede og fyrre til hundrede og femten pund.

Gli altri cani, sebbene più piccoli, avevano perso ancora più peso corporeo.
De andre hunde, selvom de var mindre, havde tabt endnu mere kropsvægt.

Pike, che una volta zoppicava fingendo, ora trascinava dietro di sé una gamba veramente ferita.
Pike, engang en falsk limper, slæbte nu et virkelig skadet ben bag sig.

Solleks zoppicava gravemente e Dub aveva una scapola slogata.
Solleks haltede voldsomt, og Dub havde et forvredet skulderblad.

Tutti i cani del team avevano i piedi doloranti a causa delle settimane trascorse sul sentiero ghiacciato.
Alle hundene i holdet havde ondt i benene efter at have været på den frosne sti i flere uger.

Non avevano più slancio nei loro passi, solo un movimento lento e trascinato.
De havde ingen fjeder tilbage i deres skridt, kun langsom, slæbende bevægelse.

I loro piedi colpivano il sentiero con forza e ogni passo aggiungeva ulteriore sforzo al loro corpo.

Deres fødder rammer stien hårdt, og hvert skridt belaster deres kroppe mere.

Non erano malati, erano solo stremati oltre ogni possibile guarigione naturale.

De var ikke syge, kun udmattede til uforudsigelig naturlig helbredelse.

Non si trattava della stanchezza di una giornata faticosa, curata con una notte di riposo.

Dette var ikke træthed fra én hård dag, kureret med en nats søvn.

Era una stanchezza accumulata lentamente attraverso mesi di sforzi estenuanti.

Det var en udmattelse, der langsomt var opbygget gennem måneders opslidende indsats.

Non era rimasta alcuna riserva di forze: avevano esaurito ogni energia a loro disposizione.

Der var ingen reservestyrke tilbage – de havde brugt alt, hvad de havde.

Ogni muscolo, fibra e cellula del loro corpo era consumato e usurato.

Hver en muskel, fiber og celle i deres kroppe var udmattet og slidt op.

E c'era un motivo: avevano percorso duemilacinquecento miglia.

Og der var en grund – de havde tilbagelagt 2500 mil.

Si erano riposati solo cinque giorni durante le ultime milleottocento miglia.

De havde kun hvilet fem dage i løbet af de sidste atten hundrede mil.

Quando giunsero a Skaguay, sembrava che riuscissero a malapena a stare in piedi.

Da de nåede Skaguay, så de knap nok ud til at kunne stå oprejst.

Facevano fatica a tenere le redini strette e a restare davanti alla slitta.

De kæmpede med at holde tøjlerne stramme og holde sig foran slæden.

Nei pendii in discesa riuscivano solo a evitare di essere investiti.

På nedkørsler undgik de kun at blive kørt over.

"Continuate a marciare, poveri piedi doloranti", disse l'autista mentre zoppicavano.

"Marchér videre, stakkels ømme fødder," sagde chaufføren, mens de haltede afsted.

"Questo è l'ultimo tratto, poi ci prenderemo tutti un lungo riposo, di sicuro."

"Dette er den sidste strækning, så får vi alle helt sikkert en lang pause."

"Un riposo davvero lungo", promise, guardandoli barcollare in avanti.

"Én rigtig lang hvil," lovede han, mens han så dem vakle fremad.

Gli autisti si aspettavano una lunga e necessaria pausa.

Chaufførerne forventede, at de nu ville få en lang, tiltrængt pause.

Avevano percorso milleduecento miglia con solo due giorni di riposo.

De havde rejst tolv hundrede mil med kun to dages hvile.

Per correttezza e ragione, ritenevano di essersi guadagnati un po' di tempo per rilassarsi.

Af rimelighed og fornuft følte de, at de havde fortjent tid til at slappe af.

Ma troppi erano giunti nel Klondike e troppo pochi erano rimasti a casa.

Men for mange var kommet til Klondike, og for få var blevet hjemme.

Le lettere delle famiglie continuavano ad arrivare, creando pile di posta in ritardo.

Breve fra familier strømmede ind og skabte bunker af forsinket post.

Arrivarono gli ordini ufficiali: i nuovi cani della Hudson Bay avrebbero preso il sopravvento.

De officielle ordrer ankom – nye hunde fra Hudson Bay skulle overtage.

I cani esausti, ormai considerati inutili, dovevano essere eliminati.

De udmattede hunde, nu kaldt værdiløse, skulle bortskaffes.

Poiché i soldi erano più importanti dei cani, venivano venduti a basso prezzo.

Da penge betød mere end hunde, skulle de sælges billigt.

Passarono altri tre giorni prima che i cani si accorgessero di quanto fossero deboli.

Der gik yderligere tre dage, før hundene mærkede, hvor svage de var.

La quarta mattina, due uomini provenienti dagli Stati Uniti acquistarono l'intera squadra.

På den fjerde morgen købte to mænd fra staterne hele holdet.

La vendita comprendeva tutti i cani e le loro imbracature usate.

Salget omfattede alle hundene plus deres slidte seletøj.

Mentre concludevano l'affare, gli uomini si chiamavano tra loro "Hal" e "Charles".

Mændene kaldte hinanden "Hal" og "Charles", mens de fuldførte handlen.

Charles era un uomo di mezza età, pallido, con labbra molli e folti baffi.

Charles var midaldrende, bleg, med slappe læber og vilde overskægsspidser.

Hal era un giovane, forse diciannove anni, che indossava una cintura imbottita di cartucce.

Hal var en ung mand, måske nitten, iført et bælte fyldt med patroner.

Nella cintura erano contenuti un grosso revolver e un coltello da caccia, entrambi inutilizzati.

Bæltet indeholdt en stor revolver og en jagtkniv, begge ubrugte.

Dimostrava quanto fosse inesperto e inadatto alla vita nel Nord.

Det viste, hvor uerfaren og uegnet han var til livet i nord.

Nessuno dei due uomini viveva in natura; la loro presenza sfidava ogni ragionevolezza.

Ingen af mændene hørte hjemme i naturen; deres tilstedeværelse trodsede al fornuft.

Buck osservava lo scambio di denaro tra l'acquirente e l'agente.

Buck så til, mens penge udveksledes mellem køber og agent.

Sapeva che i conducenti dei treni postali stavano abbandonando la sua vita come tutti gli altri.

Han vidste, at postlokomotivførerne forlod hans liv ligesom alle de andre.

Seguirono Perrault e François, ormai scomparsi.

De fulgte Perrault og François, som nu var uigenkaldeligt gamle.

Buck e la squadra vennero condotti al disordinato accampamento dei loro nuovi proprietari.

Buck og holdet blev ført til deres nye ejeres sjuskede lejr.

La tenda cedeva, i piatti erano sporchi e tutto era in disordine.

Teltet hang, servicet var beskidt, og alt lå i uorden.

Anche Buck notò una donna lì: Mercedes, moglie di Charles e sorella di Hal.

Buck bemærkede også en kvinde der – Mercedes, Charles' kone og Hals søster.

Formavano una famiglia completa, anche se erano tutt'altro che adatti al sentiero.

De udgjorde en komplet familie, dog langt fra egnet til ruten.

Buck osservava nervosamente mentre il trio iniziava a impacchettare le provviste.

Buck så nervøst til, mens trioen begyndte at pakke forsyningerne.

Lavoravano duro ma senza ordine, solo confusione e sforzi sprecati.

De arbejdede hårdt, men uden orden – bare ståhej og spildt indsats.

La tenda era arrotolata fino a formare una sagoma ingombrante, decisamente troppo grande per la slitta.

Teltet var rullet sammen til en klodset form, alt for stor til slæden.

I piatti sporchi venivano imballati senza essere stati né lavati né asciugati.

Beskidt service blev pakket uden at være blevet rengjort eller tørret overhovedet.

Mercedes svolazzava in giro, parlando, correggendo e intromettendosi in continuazione.

Mercedes flagrede rundt, snakkede, rettede og blandede sig konstant.

Quando le misero un sacco davanti, lei insistette perché lo mettesse dietro.

Da en sæk blev placeret på forsiden, insisterede hun på, at den skulle på bagsiden.

Mise il sacco in fondo e un attimo dopo ne ebbe bisogno.

Hun pakkede sækken i bunden, og i næste øjeblik havde hun brug for den.

Quindi la slitta venne disimballata di nuovo per raggiungere quella specifica borsa.

Så blev slæden pakket ud igen for at nå den ene specifikke taske.

Lì vicino, tre uomini stavano fuori da una tenda e osservavano la scena che si svolgeva.

I nærheden stod tre mænd uden for et telt og så på, hvad der skete.

Sorrisero, ammiccarono e sogghignarono di fronte all'evidente confusione dei nuovi arrivati.

De smilede, blinkede og grinede ad de nyankomnes åbenlyse forvirring.

"Hai già un carico parecchio pesante", disse uno degli uomini.

"Du har allerede en rigtig tung last," sagde en af mændene.

"Non credo che dovresti portare quella tenda, ma la scelta è tua."

"Jeg synes ikke, du skal bære det telt, men det er dit valg."

"Impensabile!" esclamò Mercedes, alzando le mani in segno di disperazione.

"Udrømt!" udbrød Mercedes og slog hænderne i vejret i fortvivlelse.

"Come potrei viaggiare senza una tenda sotto cui dormire?"

"Hvordan skulle jeg dog kunne rejse uden et telt at overnatte i?"

«È primavera, non vedrai più il freddo», rispose l'uomo.

"Det er forår – du får ikke koldt vejr at se igen," svarede manden.

Ma lei scosse la testa e loro continuarono ad accumulare oggetti sulla slitta.

Men hun rystede på hovedet, og de blev ved med at stable genstande på slæden.

Il carico era pericolosamente alto mentre aggiungevano gli ultimi oggetti.

Byrden tårnede sig faretruende højt, da de tilføjede de sidste ting.

"Pensi che la slitta andrà avanti?" chiese uno degli uomini con aria scettica.

"Tror du, at slæden kan køre?" spurgte en af mændene med et skeptisk blik.

"E perché non dovrebbe?" ribatté Charles con netto fastidio.

„Hvorfor skulle det ikke?" svarede Charles skarpt irriteret.

"Oh, va bene", disse rapidamente l'uomo, evitando di offendersi.

"Åh, det er i orden," sagde manden hurtigt og bakkede væk fra fornærmelsen.

"Mi chiedevo solo: mi sembrava un po' troppo pesante nella parte superiore."

"Jeg var bare nysgerrig – den så bare lidt for tung ud for mig."

Charles si voltò e legò il carico meglio che poté.

Charles vendte sig væk og bandt byrden fast så godt han kunne.

Ma le legature erano allentate e l'imballaggio nel complesso era fatto male.

Men surringerne var løse, og pakningen generelt dårligt udført.

"Certo, i cani tireranno così tutto il giorno", disse sarcasticamente un altro uomo.

"Jo, hundene vil trække i den hele dagen," sagde en anden mand sarkastisk.

«Certamente», rispose Hal freddamente, afferrando il lungo timone della slitta.

"Selvfølgelig," svarede Hal koldt og greb fat i slædens lange gee-stang.

Tenendo una mano sul palo, faceva roteare la frusta nell'altra.

Med den ene hånd på stangen svingede han pisken i den anden.

"Andiamo!" urlò. "Muovetevi!", incitando i cani a partire.

"Lad os gå!" råbte han. "Flyt dig!" og opfordrede hundene til at komme i gang.

I cani si appoggiarono all'imbracatura e si sforzarono per qualche istante.

Hundene lænede sig ind i selen og anstrengte sig i et par øjeblikke.

Poi si fermarono, incapaci di spostare di un centimetro la slitta sovraccarica.

Så stoppede de, ude af stand til at rokke den overlæssede slæde en centimeter.

"Quei fannulloni!" urlò Hal, alzando la frusta per colpirli.

"De dovne bøller!" råbte Hal og løftede pisken for at slå dem.

Ma Mercedes si precipitò dentro e strappò la frusta dalle mani di Hal.

Men Mercedes skyndte sig ind og greb pisken fra Hals hænder.

«Oh, Hal, non osare far loro del male», gridò allarmata.

"Åh, Hal, du må ikke vove at gøre dem fortræd," råbte hun forskrækket.

"Promettimi che sarai gentile con loro, altrimenti non farò un altro passo."

"Lov mig, at du vil være god ved dem, ellers går jeg ikke et skridt videre."

"Non sai niente di cani", scattò Hal contro la sorella.

"Du ved ingenting om hunde," snerrede Hal ad sin søster.

"Sono pigri e l'unico modo per smuoverli è frustarli."

"De er dovne, og den eneste måde at flytte dem på er at piske dem."

"Chiedi a chiunque, chiedi a uno di quegli uomini laggiù se dubiti di me."

"Spørg hvem som helst – spørg en af de mænd derovre, hvis du tvivler på mig."

Mercedes guardò gli astanti con occhi imploranti e pieni di lacrime.

Mercedes så på tilskuerne med bedende, tårevædede øjne.

Il suo viso rivelava quanto odiasse la vista di qualsiasi dolore.

Hendes ansigt viste, hvor dybt hun hadede synet af enhver form for smerte.

"Sono deboli, tutto qui", ha detto un uomo. "Sono sfiniti."

"De er svage, det er det hele," sagde en mand. "De er udmattede."

"Hanno bisogno di riposare: hanno lavorato troppo a lungo senza una pausa."

"De har brug for hvile – de har arbejdet for længe uden pause."

«Che il resto sia maledetto», borbottò Hal arricciando il labbro.

"Forbandet være resten," mumlede Hal med sammenkrøllet læbe.

Mercedes sussultò, visibilmente addolorata per le parole volgari pronunciate da lui.

Mercedes gispede, tydeligt forpint af hans grove ord.

Ciononostante, lei rimase leale e difese immediatamente il fratello.

Alligevel forblev hun loyal og forsvarede straks sin bror.

"Non badare a quell'uomo", disse ad Hal. "Sono i nostri cani."

"Du skal ikke bekymre dig om den mand," sagde hun til Hal. "De er vores hunde."

"Li guidi come meglio credi: fai ciò che ritieni giusto."

"Du kører dem, som du finder passende – gør, hvad du synes er rigtigt."

Hal sollevò la frusta e colpì di nuovo i cani senza pietà.

Hal løftede pisken og slog hundene igen uden nåde.

Si lanciarono in avanti, con i corpi bassi e i piedi che affondavano nella neve.

De sprang fremad, med kroppe sænket ned, fødderne presset ned i sneen.

Tutta la loro forza era concentrata nel traino, ma la slitta non si muoveva.

Al deres kraft gik i træk, men slæden bevægede sig ikke.

La slitta rimase bloccata, come un'ancora congelata nella neve compatta.

Slæden sad fast, som et anker frosset fast i den pakket sne.

Dopo un secondo tentativo, i cani si fermarono di nuovo, ansimando forte.

Efter en anden indsats stoppede hundene igen, gispende.

Hal sollevò di nuovo la frusta, proprio mentre Mercedes interferiva di nuovo.

Hal løftede pisken endnu engang, lige da Mercedes blandede sig igen.

Si lasciò cadere in ginocchio davanti a Buck e gli abbracciò il collo.

Hun faldt på knæ foran Buck og omfavnede hans hals.

Le lacrime le riempivano gli occhi mentre implorava il cane esausto.

Tårer fyldte hendes øjne, mens hun tryglede den udmattede hund.

"Poveri cari", disse, "perché non tirate più forte?"

"I stakkels kære," sagde hun, "hvorfor trækker I ikke bare hårdere?"

"Se tiri, non verrai frustato così."

"Hvis du trækker, så bliver du ikke pisket sådan her."

A Buck non piaceva Mercedes, ma ormai era troppo stanco per resisterle.

Buck kunne ikke lide Mercedes, men han var for træt til at modsætte sig hende nu.

Lui accettò le sue lacrime come se fossero solo un'altra parte di quella giornata miserabile.

Han accepterede hendes tårer som blot endnu en del af den elendige dag.

Uno degli uomini che osservavano, dopo aver represso la rabbia, finalmente parlò.

En af de tilskuende mænd talte endelig efter at have holdt sin vrede tilbage.

"Non mi interessa cosa succede a voi, ma quei cani sono importanti."

"Jeg er ligeglad med, hvad der sker med jer, men de hunde betyder noget."

"Se vuoi aiutare, stacca quella slitta: è ghiacciata e innevata."

"Hvis du vil hjælpe, så bræk den slæde løs – den er frosset fast i sneen."

"Spingi con forza il palo della luce, a destra e a sinistra, e rompi il sigillo di ghiaccio."

"Tryk hårdt på isstangen, til højre og venstre, og bryd isforseglingen."

Fu fatto un terzo tentativo, questa volta seguendo il suggerimento dell'uomo.

Et tredje forsøg blev gjort, denne gang efter mandens forslag.

Hal fece oscillare la slitta da una parte all'altra, facendo staccare i pattini.

Hal rokkede slæden fra side til side, så mederne fik løs.

La slitta, benché sovraccarica e scomoda, alla fine sobbalzò in avanti.

Slæden, selvom den var overlæsset og klodset, bevægede sig endelig fremad.

Buck e gli altri tirarono selvaggiamente, spinti da una tempesta di frustate.

Buck og de andre trak vildt tilbage, drevet af en storm af piskesmæld.

Un centinaio di metri più avanti, il sentiero curvava e scendeva in pendenza verso la strada.

Hundrede meter fremme snoede stien sig og skrånede ned i gaden.

Ci sarebbe voluto un guidatore esperto per tenere la slitta in posizione verticale.

Det ville have krævet en dygtig kusk at holde slæden oprejst.

Hal non era abile e la slitta si ribaltò mentre svoltava.

Hal var ikke dygtig, og slæden vippede, da den svingede rundt om svinget.

Le cinghie allentate cedettero e metà del carico si rovesciò sulla neve.

Løse surringer gav efter, og halvdelen af lasten spildtes ud på sneen.

I cani non si fermarono; la slitta più leggera continuò a procedere su un fianco.

Hundene stoppede ikke; den lettere slæde fløj afsted på siden.

I cani, furiosi per i maltrattamenti e per il peso del carico, corsero più veloci.

Vrede over mishandling og den tunge byrde løb hundene hurtigere.

Buck, infuriato, si lanciò a correre, seguito dalla squadra.

Buck, i raseri, begyndte at løb, med holdet i hælene.

Hal urlò "Whoa! Whoa!" ma la squadra non gli prestò attenzione.

Hal råbte "Whoa! Whoa!" men holdet lagde ikke mærke til ham.

Inciampò, cadde e fu trascinato a terra dall'imbracatura.

Han snublede, faldt og blev slæbt hen over jorden af selen.

La slitta rovesciata lo travolse mentre i cani continuavano a correre avanti.

Den væltede slæde stødte ind over ham, mens hundene løb videre.

Il resto delle provviste è sparso lungo la trafficata strada di Skaguay.

Resten af forsyningerne spredte sig over Skaguays travle gade.

Le persone di buon cuore si precipitarono a fermare i cani e a raccogliere l'attrezzatura.

Venlige mennesker skyndte sig at stoppe hundene og samle udstyret.

Diedero anche consigli schietti e pratici ai nuovi viaggiatori.

De gav også råd, direkte og praktiske, til de nye rejsende.

"Se vuoi raggiungere Dawson, prendi metà del carico e raddoppia i cani."

"Hvis du vil nå Dawson, så tag halvdelen af læsset og fordobl antallet af hunde."

Hal, Charles e Mercedes ascoltarono, anche se non con entusiasmo.

Hal, Charles og Mercedes lyttede, dog ikke med entusiasme.

Montarono la tenda e cominciarono a sistemare le loro provviste.

De slog deres telt op og begyndte at sortere deres forsyninger.

Ne uscirono dei cibi in scatola, che fecero ridere a crepapelle gli astanti.

Ud kom dåsevarer, hvilket fik tilskuerne til at grine højt.

"Roba in scatola sul sentiero? Morirai di fame prima che si sciolga", disse uno.

"Dåsesager på stien? Du kommer til at sulte, før det smelter," sagde en af dem.

"Coperte d'albergo? Meglio buttarle via tutte."

"Hoteltæpper? Du er bedre tjent med at smide dem alle ud."

"Togli anche la tenda e qui nessuno laverà più i piatti."

"Smid også teltet væk, og så vasker ingen op her."

"Pensi di viaggiare su un treno Pullman con dei servitori a bordo?"

"Tror du, du kører med et Pullman-tog med tjenere om bord?"

Il processo ebbe inizio: ogni oggetto inutile venne gettato da parte.

Processen begyndte – alle ubrugelige genstande blev smidt til side.

Mercedes pianse quando le sue borse furono svuotate sul terreno innevato.

Mercedes græd, da hendes tasker blev tømt ud på den snedækkede jord.

Singhiozzava per ogni oggetto buttato via, uno per uno, senza sosta.

Hun hulkede over hver eneste genstand, der blev smidt ud, en efter en, uden pause.

Giurò di non fare un altro passo, nemmeno per dieci Charles.

Hun svor ikke at gå et skridt mere – ikke engang for ti Karle.

Pregò ogni persona vicina di lasciarle conservare le sue cose preziose.

Hun tryglede alle i nærheden om at lade hende beholde sine dyrebare ting.

Alla fine si asciugò gli occhi e cominciò a gettare via anche i vestiti più importanti.

Endelig tørrede hun øjnene og begyndte at kaste selv det vigtigste tøj.

Una volta terminato il suo, cominciò a svuotare le scorte degli uomini.

Da hun var færdig med sine egne, begyndte hun at tømme mændenes forsyninger.

Come un turbine, fece a pezzi gli effetti personali di Charles e Hal.

Som en hvirvelvind rev hun sig igennem Charles og Hals ejendele.

Sebbene il carico fosse dimezzato, era comunque molto più pesante del necessario.

Selvom belastningen blev halveret, var den stadig langt tungere end nødvendigt.

Quella notte, Charles e Hal uscirono e comprarono sei nuovi cani.

Den aften gik Charles og Hal ud og købte seks nye hunde.

Questi nuovi cani si unirono ai sei originali, più Teek e Koona.

Disse nye hunde sluttede sig til de oprindelige seks, plus Teek og Koona.

Insieme formarono una squadra di quattordici cani attaccati alla slitta.

Sammen udgjorde de et spand på fjorten hunde spændt for slæden.

Ma i nuovi cani erano inadatti e poco addestrati per il lavoro con la slitta.

Men de nye hunde var uegnede og dårligt trænede til slædearbejde.

Tre dei cani erano cani da caccia a pelo corto, mentre uno era un Terranova.

Tre af hundene var korthårede pointere, og en var en newfoundlænder.

Gli ultimi due cani erano meticci senza alcuna razza o scopo ben definito.

De to sidste hunde var mutts uden nogen klar race eller formål overhovedet.

Non capivano il percorso e non lo imparavano in fretta.

De forstod ikke ruten, og de lærte den ikke hurtigt.

Buck e i suoi compagni li osservavano con disprezzo e profonda irritazione.

Buck og hans venner så på dem med hån og dyb irritation.

Sebbene Buck insegnasse loro cosa non fare, non poteva insegnare loro il dovere.

Selvom Buck lærte dem, hvad de ikke skulle gøre, kunne han ikke lære dem pligt.

Non amavano la vita sui sentieri né la trazione delle redini e delle slitte.

De trivedes ikke med livet på vandrestier eller trækket i tøjler og slæder.

Soltanto i bastardi cercarono di adattarsi, e anche a loro mancava lo spirito combattivo.

Kun blandingsdyrene forsøgte at tilpasse sig, og selv de manglede kampgejst.

Gli altri cani erano confusi, indeboliti e distrutti dalla loro nuova vita.

De andre hunde var forvirrede, svækkede og knuste af deres nye liv.

Con i nuovi cani all'oscuro e i vecchi esausti, la speranza era flebile.

Med de nye hunde uvidende og de gamle udmattede, var håbet tyndt.

La squadra di Buck aveva percorso duemilacinquecento miglia di sentiero accidentato.

Bucks hold havde tilbagelagt 2500 kilometer ujævn sti.

Ciononostante, i due uomini erano allegri e orgogliosi della loro grande squadra di cani.

Alligevel var de to mænd muntre og stolte af deres store hundespand.

Pensavano di viaggiare con stile, con quattordici cani al seguito.

De troede, de rejste med stil, med fjorten hunde spændt.

Avevano visto delle slitte partire per Dawson e altre arrivarne.

De havde set slæder afgå til Dawson, og andre ankomme derfra.

Ma non ne avevano mai vista una trainata da ben quattordici cani.

Men aldrig havde de set en trukket af så mange som fjorten hunde.

C'era un motivo per cui squadre del genere erano rare nelle terre selvagge dell'Artico.

Der var en grund til, at sådanne hold var sjældne i den arktiske vildmark.

Nessuna slitta poteva trasportare cibo sufficiente a sfamare quattordici cani per l'intero viaggio.

Ingen slæde kunne bære nok mad til at brødføde fjorten hunde på turen.

Ma Charles e Hal non lo sapevano: avevano fatto i calcoli.

Men det vidste Charles og Hal ikke – de havde regnet det ud.

Hanno pianificato la razione di cibo: una certa quantità per cane, per un certo numero di giorni, fatta.

De skrev maden ned med blyant: så meget pr. hund, så mange dage, færdig.

Mercedes guardò i numeri e annuì come se avessero senso.

Mercedes kiggede på deres tal og nikkede, som om det gav mening.

Tutto le sembrava molto semplice, almeno sulla carta.

Det virkede alt sammen meget simpelt for hende, i hvert fald på papiret.

La mattina seguente, Buck guidò lentamente la squadra lungo la strada innevata.

Næste morgen førte Buck langsomt holdet op ad den snedækkede gade.

Non c'era né energia né spirito in lui e nei cani dietro di lui.

Der var ingen energi eller gejst i ham eller hundene bag ham.

Erano stanchi morti fin dall'inizio: non avevano più riserve.

De var dødtrætte fra starten – der var ingen reserve tilbage.

Buck aveva già fatto quattro viaggi tra Salt Water e Dawson.

Buck havde allerede foretaget fire ture mellem Salt Water og Dawson.

Ora, di fronte alla stessa pista, non provava altro che amarezza.

Nu, konfronteret med det samme spor igen, følte han intet andet end bitterhed.

Il suo cuore non c'era, e nemmeno quello degli altri cani.

Hans hjerte var ikke med i det, og det var de andre hundes hjerter heller ikke.

I nuovi cani erano timidi e gli husky non si fidavano per niente.

De nye hunde var sky, og huskyerne manglede al tillid.

Buck capì che non poteva fare affidamento su quei due uomini o sulla loro sorella.

Buck fornemmede, at han ikke kunne stole på disse to mænd eller deres søster.

Non sapevano nulla e non mostravano alcun segno di apprendimento lungo il percorso.

De vidste ingenting og viste ingen tegn på at lære undervejs.

Erano disorganizzati e privi di qualsiasi senso di disciplina.

De var uorganiserede og manglede enhver form for disciplin.

Ogni volta impiegavano metà della notte per allestire un accampamento malmesso.

Det tog dem en halv nat at slå en sjusket lejr op hver gang.

E metà della mattina successiva la trascorsero di nuovo armeggiando con la slitta.

Og halvdelen af den næste morgen tilbragte de med at fumle med slæden igen.

Spesso a mezzogiorno si fermavano solo per sistemare il carico irregolare.

Ved middagstid stoppede de ofte bare for at ordne den ujævne last.

In alcuni giorni percorsero meno di dieci miglia in totale.

På nogle dage rejste de mindre end ti kilometer i alt.

Altri giorni non riuscivano proprio ad abbandonare l'accampamento.

Andre dage lykkedes det dem slet ikke at forlade lejren.

Non sono mai riusciti a coprire la distanza alimentare prevista.

De kom aldrig i nærheden af at tilbagelægge den planlagte afstand mellem fødevarer.

Come previsto, il cibo per i cani finì molto presto.

Som forventet løb de meget hurtigt tør for mad til hundene.

Nei primi tempi hanno peggiorato ulteriormente la situazione con l'eccesso di cibo.

De forværrede tingene ved at overfodre i de tidlige dage.

Ciò rendeva la carestia sempre più vicina, con ogni razione disattenta.

Dette bragte sulten nærmere med hver skødesløs rationering.

I nuovi cani non avevano ancora imparato a sopravvivere con molto poco.

De nye hunde havde ikke lært at overleve på meget lidt.

Mangiarono avidamente, con un appetito troppo grande per il sentiero.

De spiste sultne, med en appetit der var for stor til ruten.

Vedendo i cani indebolirsi, Hal pensò che il cibo non fosse sufficiente.

Da Hal så hundene blive svagere, mente han, at maden ikke var nok.

Raddoppiò le razioni, peggiorando ulteriormente l'errore.

Han fordoblede rationerne, hvilket gjorde fejlen endnu værre.

Mercedes aggravò il problema con le sue lacrime e le sue suppliche sommesse.

Mercedes forværrede problemet med tårer og sagte bønfaldelser.

Quando non riuscì a convincere Hal, diede da mangiare ai cani di nascosto.

Da hun ikke kunne overbevise Hal, fodrede hun hundene i hemmelighed.

Rubò il pesce dai sacchi e glielo diede alle spalle.

Hun stjal fra fiskesækkene og gav det til dem bag hans ryg.

Ma ciò di cui i cani avevano veramente bisogno non era altro cibo: era riposo.

Men det hundene virkelig havde brug for, var ikke mere mad – det var hvile.

Nonostante la loro scarsa velocità, la pesante slitta continuava a procedere.

De havde dårlig tid, men den tunge slæde slæbte stadig ud.

Quel peso da solo esauriva ogni giorno le loro forze rimanenti.

Alene den vægt drænede deres resterende styrke hver dag.

Poi arrivò la fase della sottoalimentazione, quando le scorte scarseggiavano.

Så kom stadiet med underfodring, da forsyningerne slap op.

Una mattina Hal si accorse che metà del cibo per cani era già finito.

En morgen indså Hal, at halvdelen af hundefoderet allerede var væk.

Avevano percorso solo un quarto della distanza totale del sentiero.

De havde kun tilbagelagt en fjerdedel af den samlede distance på ruten.

Non si poteva più comprare cibo, a qualunque prezzo.

Der kunne ikke købes mere mad, uanset hvilken pris der blev tilbudt.

Ridusse le porzioni dei cani al di sotto della razione giornaliera standard.

Han reducerede hundenes portioner til under den daglige standardration.

Allo stesso tempo, chiese di viaggiare più a lungo per compensare la perdita.

Samtidig krævede han længere rejsetid for at kompensere for tabet.

Mercedes e Charles appoggiarono questo piano, ma fallirono nella sua realizzazione.

Mercedes og Charles støttede denne plan, men den mislykkedes i udførelsen.

La loro pesante slitta e la mancanza di abilità rendevano il progresso quasi impossibile.

Deres tunge slæde og mangel på færdigheder gjorde fremskridt næsten umuligt.

Era facile dare meno cibo, ma impossibile forzare uno sforzo maggiore.

Det var nemt at give mindre mad, men umuligt at tvinge frem mere.

Non potevano partire prima, né viaggiare per ore extra.

De kunne ikke starte tidligt, og de kunne heller ikke rejse i ekstra timer.

Non sapevano come gestire i cani, e nemmeno loro stessi, a dire il vero.

De vidste ikke, hvordan man skulle arbejde med hundene, og heller ikke sig selv for den sags skyld.

Il primo cane a morire fu Dub, lo sfortunato ma laborioso ladro.

Den første hund, der døde, var Dub, den uheldige, men hårdtarbejdende tyv.

Sebbene spesso punito, Dub aveva fatto la sua parte senza lamentarsi.

Selvom Dub ofte blev straffet, havde han klaret sin del uden at klage.

La sua spalla ferita peggiorò se non ricevette cure adeguate e non ebbe bisogno di riposo.

Hans skadede skulder blev værre uden pleje eller behov for hvile.

Alla fine, Hal usò la pistola per porre fine alle sofferenze di Dub.

Endelig brugte Hal revolveren til at afslutte Dubs lidelse.

Un detto comune afferma che i cani normali muoiono se vengono nutriti con razioni di husky.

Et almindeligt ordsprog hævdede, at normale hunde dør af husky-rationer.

I sei nuovi compagni di Buck avevano ricevuto solo metà della quota di cibo riservata all'husky.

Bucks seks nye ledsagere fik kun halvdelen af huskyens andel af mad.

Il Terranova morì per primo, seguito dai tre cani da caccia a pelo corto.

Newfoundlænderen døde først, derefter de tre korthårede pointerhunde.

I due bastardi resistettero più a lungo ma alla fine morirono come gli altri.

De to blandingsdyr holdt ud længere, men omkom til sidst ligesom de andre.

Ormai tutti i comfort e la gentilezza del Southland erano scomparsi.

På dette tidspunkt var alle Sydlandets bekvemmeligheder og blidhed væk.

Le tre persone avevano perso le ultime tracce della loro educazione civile.

De tre mennesker havde lagt de sidste spor af deres civiliserede opvækst fra sig.

Spogliato di glamour e romanticismo, il viaggio nell'Artico è diventato brutalmente reale.

Strippet for glamour og romantik blev arktiske rejser brutalt virkelige.

Era una realtà troppo dura per il loro senso di virilità e femminilità.

Det var en virkelighed, der var for hård for deres sans for mandighed og kvindelighed.

Mercedes non piangeva più per i cani, ma piangeva solo per se stessa.

Mercedes græd ikke længere over hundene, men nu kun over sig selv.

Trascorreva il tempo piangendo e litigando con Hal e Charles.

Hun brugte sin tid på at græde og skændes med Hal og Charles.

Litigare era l'unica cosa per cui non si stancavano mai.

At skændes var det eneste, de aldrig var for trætte til at gøre.

La loro irritabilità derivava dalla miseria, cresceva con essa e la superava.

Deres irritabilitet kom fra elendighed, voksede med den og overgik den.

La pazienza del cammino, nota a coloro che faticano e soffrono con generosità, non è mai arrivata.

Stiens tålmodighed, kendt af dem, der slider og lider venligt, kom aldrig.

Quella pazienza che rende dolce la parola nonostante il dolore, era a loro sconosciuta.

Den tålmodighed, som holder talen sød gennem smerte, var ukendt for dem.

Non avevano alcun briciolo di pazienza, nessuna forza derivante dalla sofferenza con grazia.

De havde ingen antydning af tålmodighed, ingen styrke hentet fra lidelse med nåde.

Erano irrigiditi dal dolore: dolori nei muscoli, nelle ossa e nel cuore.

De var stive af smerter – de havde smerter i muskler, knogler og hjerter.

Per questo motivo, divennero taglienti nella lingua e pronti a pronunciare parole dure.

På grund af dette blev de skarpe i tungen og hurtige til hårde ord.

Ogni giorno iniziava e finiva con voci arrabbiate e lamentele amare.

Hver dag begyndte og sluttede med vrede stemmer og bitre klager.

Charles e Hal litigavano ogni volta che Mercedes ne dava loro l'occasione.

Charles og Hal skændtes, hver gang Mercedes gav dem en chance.

Ogni uomo credeva di aver fatto più del dovuto.

Hver mand mente, at han udførte mere end sin rimelige andel af arbejdet.

Nessuno dei due ha mai perso l'occasione di dirlo, ancora e ancora.

Ingen af dem gik nogensinde glip af en chance for at sige det igen og igen.

A volte Mercedes si schierava con Charles, a volte con Hal.

Nogle gange tog Mercedes parti for Charles, andre gange for Hal.

Ciò portò a una grande e infinita lite tra i tre.

Dette førte til et stort og endeløst skænderi mellem de tre.

La disputa su chi dovesse tagliare la legna da ardere divenne incontrollabile.

En strid om, hvem der skulle hugge brænde, voksede ud af kontrol.

Ben presto vennero nominati padri, madri, cugini e parenti defunti.

Snart blev fædre, mødre, fætre og kusiner og afdøde slægtninge navngivet.

Le opinioni di Hal sull'arte o sulle opere teatrali di suo zio divennero parte della lotta.

Hals synspunkter på kunst eller hans onkels skuespil blev en del af kampen.

Anche le convinzioni politiche di Carlo entrarono nel dibattito.

Charles' politiske overbevisninger kom også ind i debatten.

Per Mercedes, perfino i pettegolezzi della sorella del marito sembravano rilevanti.

For Mercedes virkede selv hendes mands søsters sladder relevant.

Espresse la sua opinione su questo e su molti dei difetti della famiglia di Charles.

Hun luftede meninger om det og om mange af Charles' families fejl.

Mentre discutevano, il fuoco rimase spento e l'accampamento mezzo allestito.

Mens de skændtes, forblev bålet slukket, og lejren var halvt optændt.

Nel frattempo i cani erano rimasti infreddoliti e senza cibo.

I mellemtiden forblev hundene kolde og uden mad.

Mercedes nutriva un risentimento che considerava profondamente personale.

Mercedes havde en klage, hun anså for at være dybt personlig.

Si sentiva maltrattata in quanto donna e le venivano negati i suoi gentili privilegi.

Hun følte sig mishandlet som kvinde, nægtet sine blide privilegier.

Era carina e gentile, e per tutta la vita era stata abituata alla cavalleria.

Hun var smuk og blød, og hun var vant til ridderlighed hele sit liv.

Ma suo marito e suo fratello ora la trattavano con impazienza.

Men hendes mand og bror behandlede hende nu med utålmodighed.

Aveva l'abitudine di comportarsi in modo impotente e loro cominciarono a lamentarsi.

Hendes vane var at opføre sig hjælpeløst, og de begyndte at klage.

Offesa da ciò, rese loro la vita ancora più difficile.

Fornærmet over dette gjorde hun deres liv endnu vanskeligere.

Ignorò i cani e insistette per guidare lei stessa la slitta.

Hun ignorerede hundene og insisterede på at køre på slæden selv.

Sebbene sembrasse esile, pesava centoventi libbre (circa quaranta chili).

Selvom hun var let af udseende, vejede hun 45 kg.

Quel peso aggiuntivo era troppo per i cani affamati e deboli.

Den ekstra byrde var for meget for de sultende, svage hunde.

Nonostante ciò, continuò a cavalcare per giorni, finché i cani non crollarono nelle redini.

Alligevel red hun i dagevis, indtil hundene kollapsede i tøjlerne.

La slitta si fermò e Charles e Hal la implorarono di proseguire a piedi.

Slæden stod stille, og Charles og Hal tryglede hende om at gå.

Loro la implorarono e la scongiurarono, ma lei pianse e li definì crudeli.

De tryglede og tryglede, men hun græd og kaldte dem grusomme.

In un'occasione, la tirarono giù dalla slitta con pura forza e rabbia.

Ved en lejlighed trak de hende af slæden med ren kraft og vrede.

Dopo quello che accadde quella volta non ci riprovarono più.

De prøvede aldrig igen efter det, der skete dengang.

Si accasciò come una bambina viziata e si sedette nella neve.

Hun haltede som et forkælet barn og satte sig i sneen.

Continuarono a muoversi, ma lei si rifiutò di alzarsi o di seguirli.

De gik videre, men hun nægtede at rejse sig eller følge efter.

Dopo tre miglia si fermarono, tornarono indietro e la riportarono indietro.

Efter tre kilometer stoppede de, vendte tilbage og bar hende tilbage.

La ricaricarono sulla slitta, usando ancora una volta la forza bruta.

De lastede hende igen på slæden, igen med rå styrke.

Nella loro profonda miseria, erano insensibili alla sofferenza dei cani.

I deres dybe elendighed var de ufølsomme over for hundenes lidelse.

Hal credeva che fosse necessario indurirsi e impose questa convinzione agli altri.

Hal mente, at man skal forhærdes, og påtvang andre den overbevisning.

Inizialmente ha cercato di predicare la sua filosofia a sua sorella

Han forsøgte først at prædike sin filosofi til sin søster

e poi, senza successo, predicò al cognato.

og så prædikede han uden held for sin svoger.

Ebbe più successo con i cani, ma solo perché li ferì.

Han havde mere succes med hundene, men kun fordi han gjorde dem fortræd.

Da Five Fingers, il cibo per cani è rimasto completamente vuoto.

Hos Five Fingers løb hundefoderet helt tør for mad.

Una vecchia squaw sdentata vendette qualche chilo di pelle di cavallo congelata

En tandløs gammel squat solgte et par pund frossen hesteskind

Hal scambiò la sua pistola con la pelle di cavallo secca.

Hal byttede sin revolver for det tørrede hesteskind.

La carne proveniva dai cavalli affamati di allevatori di bovini, morti mesi prima.

Kødet var kommet fra udsultede heste eller kvægavlere måneder tidligere.

Congelata, la pelle era come ferro zincato: dura e immangiabile.

Frossen var huden som galvaniseret jern; sej og uspiselig.

Per riuscire a mangiarla, i cani dovevano masticare la pelle senza sosta.

Hundene måtte tygge uendeligt på skindet for at spise det.

Ma le corde coriacee e i peli corti non erano certo un nutrimento.

Men de læderagtige strenge og det korte hår var næppe næring.

La maggior parte della pelle era irritante e non era cibo in senso stretto.

Det meste af huden var irriterende, og ikke mad i nogen egentlig forstand.

E nonostante tutto, Buck barcollava davanti a tutti, come in un incubo.

Og gennem det hele vaklede Buck forrest, som i et mareridt.

Quando poteva, tirava; quando non poteva, restava lì finché non veniva sollevato dalla frusta o dal bastone.

Han trak, når han kunne; når han ikke kunne, lå han, indtil pisk eller kølle løftede ham.

Il suo pelo fine e lucido aveva perso tutta la rigidità e la lucentezza di un tempo.

Hans fine, skinnende pels havde mistet al den stivhed og glans, den engang havde.

I suoi capelli erano flosci, spettinati e pieni di sangue rappreso a causa dei colpi.

Hans hår hang slapt, slæbt og klumpet af indtørret blod fra slagene.

I suoi muscoli si ridussero a midolli e i cuscinetti di carne erano tutti consumati.

Hans muskler skrumpede ind til strenge, og hans kødpuder var alle slidt væk.

Ogni costola, ogni osso erano chiaramente visibili attraverso le pieghe della pelle rugosa.

Hvert ribben, hver knogle viste sig tydeligt gennem folder af rynket hud.

Fu straziante, ma il cuore di Buck non riuscì a spezzarsi.

Det var hjerteskærende, men Bucks hjerte kunne ikke knuses.

L'uomo con il maglione rosso lo aveva testato e dimostrato molto tempo prima.

Manden i den røde sweater havde testet det og bevist det for længe siden.

Così come accadde a Buck, accadde anche a tutti i suoi compagni di squadra rimasti.

Som det var med Buck, sådan var det også med alle hans resterende holdkammerater.

Ce n'erano sette in totale, ognuno uno scheletro ambulante di miseria.

Der var syv i alt, hver af dem et vandrende skelet af elendighed.

Erano diventati insensibili alle fruste e sentivano solo un dolore distante.

De var blevet følelsesløse til at piske og følte kun fjern smerte.

Anche la vista e i suoni li raggiungevano debolmente, come attraverso una fitta nebbia.

Selv syn og lyd nåede dem svagt, som gennem en tæt tåge.

Non erano mezzi vivi: erano ossa con deboli scintille al loro interno.

De var ikke halvt levende – de var knogler med svage gnister indeni.

Una volta fermati, crollarono come cadaveri, con le scintille quasi del tutto spente.

Da de stoppede, kollapsede de som lig, deres gnister næsten ude.

E quando la frusta o il bastone colpivano di nuovo, le scintille sfarfallavano debolmente.

Og når pisken eller køllen slog igen, blafrede gnisterne svagt.

Poi si alzarono, barcollarono in avanti e trascinarono le loro membra in avanti.

Så rejste de sig, vaklede fremad og slæbte deres lemmer frem.

Un giorno il gentile Billee cadde e non riuscì più a rialzarsi.

En dag faldt den venlige Billee og kunne slet ikke rejse sig længere.

Hal aveva scambiato la sua pistola con quella di Billee, così decise di ucciderla con un'ascia.

Hal havde byttet sin revolver, så han brugte en økse til at dræbe Billee i stedet.

Lo colpì alla testa, poi gli tagliò il corpo e lo trascinò via.

Han slog ham i hovedet, skar derefter hans krop fri og slæbte den væk.

Buck se ne accorse, e così fecero anche gli altri: sapevano che la morte era vicina.

Buck så dette, og det gjorde de andre også; de vidste, at døden var nær.

Il giorno dopo Koona se ne andò, lasciando solo cinque cani nel gruppo affamato.

Næste dag tog Koona afsted og efterlod kun fem hunde i det sultende hold.

Joe, non più cattivo, era ormai troppo fuori di sé per rendersi conto di nulla.

Joe, der ikke længere var ond, var for langt væk til overhovedet at være opmærksom på ret meget.

Pike, ormai non fingeva più di essere ferito, era appena cosciente.

Pike, der ikke længere foregav sin skade, var knap nok ved bevidsthed.

Solleks, ancora fedele, si rammaricava di non avere più la forza di dare.

Solleks, stadig trofast, sørgede over, at han ikke havde nogen styrke at give.

Teek fu battuto più di tutti perché era più fresco, ma stava calando rapidamente.

Teek blev mest slået fordi han var friskere, men falmede hurtigt.

E Buck, ancora in testa, non mantenne più l'ordine né lo fece rispettare.

Og Buck, der stadig var i føringen, holdt ikke længere orden eller håndhævede den.

Mezzo accecato dalla debolezza, Buck seguì la pista solo a tentoni.

Halvblind af svaghed fulgte Buck sporet alene ved at føle.

Era una bellissima primavera, ma nessuno di loro se ne accorse.

Det var smukt forårsvejr, men ingen af dem bemærkede det.

Ogni giorno il sole sorgeva prima e tramontava più tardi.

Hver dag stod solen op tidligere og gik ned senere end før.

Alle tre del mattino era già spuntata l'alba; il crepuscolo durò fino alle nove.

Klokken tre om morgenen var det daggry, og tusmørket varede til klokken ni.

Le lunghe giornate erano illuminate dal sole primaverile.

De lange dage var fyldt med det fulde strålende forårssolskin.

Il silenzio spettrale dell'inverno si era trasformato in un caldo mormorio.

Vinterens spøgelsesagtige stilhed var forvandlet til en varm mumlen.

Tutta la terra si stava svegliando, animata dalla gioia degli esseri viventi.

Hele landet vågnede, levende med glæden ved levende ting.

Il suono proveniva da ciò che era rimasto morto e immobile per tutto l'inverno.

Lyden kom fra det, der havde ligget dødt og stille gennem vinteren.

Ora quelle cose si mossero di nuovo, scrollandosi di dosso il lungo sonno del gelo.

Nu bevægede disse ting sig igen og rystede den lange frostsøvn af sig.

La linfa saliva attraverso i tronchi scuri dei pini in attesa.

Saften steg op gennem de mørke stammer af de ventende fyrretræer.

Salici e pioppi tremuli fanno sbocciare giovani gemme luminose su ogni ramoscello.

Piletræer og asper springer klare, unge knopper ud på hver kvist.

Arbusti e viti si tingono di un verde fresco mentre il bosco si anima.

Buske og vinstokke fik frisk grønt, da skoven vågnede til live.

Di notte i grilli cantavano e di giorno gli insetti strisciavano nella luce del sole.

Fårekyllinger kvidrede om natten, og insekter kravlede i dagslysets sol.

Le pernici gridavano e i picchi picchiavano in profondità tra gli alberi.

Agerhønsene buldrede, og spætter bankede dybt oppe i træerne.

Gli scoiattoli chiacchieravano, gli uccelli cantavano e le oche starnazzavano per richiamare l'attenzione dei cani.

Ekorner snakkede, fugle sang, og gæs dyttede over hundene.

Gli uccelli selvatici arrivavano a cunei affilati, volando in alto da sud.

Vildfuglene kom i skarpe flokke, fløjende op fra syd.

Da ogni pendio giungeva la musica di ruscelli nascosti e impetuosi.

Fra hver bjergskråning kom musikken fra skjulte, brusende vandløb.

Tutto si scongelava e si spezzava, si piegava e ricominciava a muoversi.

Alt tøede op og knækkede, bøjede sig og brød tilbage i bevægelse.

Lo Yukon si sforzò di spezzare le fredde catene del ghiaccio ghiacciato.

Yukon anstrengte sig for at bryde den frosne is' kolde kæder.

Il ghiaccio si scioglieva sotto, mentre il sole lo scioglieva dall'alto.

Isen smeltede nedenunder, mens solen smeltede den ovenfra.

Si aprirono dei buchi, si allargarono delle crepe e dei pezzi caddero nel fiume.

Lufthuller åbnede sig, revner spredte sig, og klumper faldt i floden.

In mezzo a tutta questa vita sfrenata e sfrenata, i viaggiatori barcollavano.

Midt i alt dette sprudlende og flammende liv vaklede de rejsende.

Due uomini, una donna e un branco di husky camminavano come morti.

To mænd, en kvinde og en flok huskyer gik som døde.

I cani cadevano, Mercedes piangeva, ma continuava a guidare la slitta.

Hundene faldt, Mercedes græd, men kørte stadig på slæden.

Hal imprecò debolmente e Charles sbatté le palpebre con gli occhi lacrimanti.

Hal bandede svagt, og Charles blinkede med løbende øjne.

Si imbatterono nell'accampamento di John Thornton, nei pressi della foce del White River.

De snublede ind i John Thorntons lejr ved White Rivers udmunding.

Quando si fermarono, i cani caddero a terra, come se fossero stati tutti colpiti a morte.

Da de stoppede, faldt hundene flade, som om de alle var døde.

Mercedes si asciugò le lacrime e guardò John Thornton.

Mercedes tørrede sine tårer og kiggede over på John Thornton.

Charles si sedette su un tronco, lentamente e rigidamente, dolorante per il sentiero.

Charles sad langsomt og stift på en træstamme, ondt i maven efter stien.

Hal parlava mentre Thornton intagliava l'estremità del manico di un'ascia.

Hal talte, mens Thornton skar enden af et økseskaft ud.

Tagliò il legno di betulla e rispose con frasi brevi e decise.

Han sliber birketræ og svarede med korte, bestemte svar.

Quando gli veniva chiesto, dava un consiglio, certo che non sarebbe stato seguito.

Da han blev spurgt, gav han et råd, sikker på at det ikke ville blive fulgt.

Hal spiegò: "Ci avevano detto che il ghiaccio lungo la pista si stava staccando".

Hal forklarede: "De fortalte os, at isen på stien var ved at falde væk."

"Ci avevano detto che dovevamo restare fermi, ma siamo arrivati a White River."

"De sagde, at vi skulle blive her – men vi nåede White River."

Concluse con un tono beffardo, come per cantare vittoria nelle difficoltà.

Han sluttede med en hånlig tone, som for at gøre krav på sejr i trængsler.

"E ti hanno detto la verità", rispose John Thornton a bassa voce ad Hal.

"Og de fortalte dig sandheden," svarede John Thornton stille til Hal.

"Il ghiaccio potrebbe cedere da un momento all'altro: è pronto a staccarsi."

"Isen kan give efter når som helst – den er lige ved at falde af."

"Solo la fortuna cieca e gli sciocchi avrebbero potuto arrivare vivi fin qui."

"Kun blind held og tåber kunne have nået så langt i live."

"Te lo dico senza mezzi termini: non rischierei la vita per tutto l'oro dell'Alaska."

"Jeg siger dig ærligt, jeg ville ikke risikere mit liv for alt Alaskas guld."

"Immagino che tu non sia uno stupido", rispose Hal.

"Det er vel fordi, du ikke er en tåbe," svarede Hal.

"Comunque, andiamo avanti con Dawson." Srotolò la frusta.

"Alligevel går vi videre til Dawson." Han rullede sin pisk ud.

"Sali, Buck! Ehi! Alzati! Forza!" urlò con voce roca.

"Kom op, Buck! Hej! Kom op! Kom så!" råbte han hårdt.

Thornton continuò a intagliare, sapendo che gli sciocchi non volevano sentire ragioni.

Thornton blev ved med at sniffe, vel vidende at tåber ikke vil høre fornuft.

Fermare uno stupido era inutile, e due o tre stupidi non cambiavano nulla.

At stoppe en tåbe var nytteløst – og to eller tre narrede ændrede ingenting.

Ma la squadra non si mosse al suono del comando di Hal.

Men holdet bevægede sig ikke ved lyden af Hals kommando.

Ormai solo i colpi potevano farli sollevare e avanzare.

På nuværende tidspunkt kunne kun slag få dem til at rejse sig og trække sig fremad.

La frusta schioccava ripetutamente sui cani indeboliti.

Pisken knaldede igen og igen hen over de svækkede hunde.

John Thornton strinse forte le labbra e osservò in silenzio.

John Thornton pressede læberne tæt og så i stilhed.

Solleks fu il primo a rialzarsi sotto la frusta.

Solleks var den første, der kravlede op på benene under pisken.

Poi Teek lo seguì, tremando. Joe urlò mentre barcollava.

Så fulgte Teek efter, rystende. Joe gøede, da han snublede op.

Pike cercò di alzarsi, fallì due volte, poi alla fine si rialzò barcollando.

Pike forsøgte at rejse sig, men fejlede to gange, og stod til sidst ustabelt op.

Ma Buck rimase lì dov'era caduto, senza muoversi affatto.

Men Buck lå, hvor han var faldet, og bevægede sig slet ikke denne gang.

La frusta lo colpì più volte, ma lui non emise alcun suono.

Pisken slog ham igen og igen, men han sagde ingen lyd.

Lui non sussultò né oppose resistenza, rimase semplicemente immobile e in silenzio.

Han hverken veg tilbage eller gjorde modstand, men forblev bare stille og rolig.

Thornton si mosse più di una volta, come per dire qualcosa, ma non lo fece.

Thornton rørte sig mere end én gang, som for at tale, men gjorde det ikke.

I suoi occhi si inumidirono, ma la frusta continuava a schioccare contro Buck.

Hans øjne blev våde, og pisken knaldede stadig mod Buck.

Alla fine Thornton cominciò a camminare lentamente, incerto sul da farsi.

Endelig begyndte Thornton at gå langsomt frem og tilbage, usikker på, hvad han skulle gøre.

Era la prima volta che Buck falliva e Hal si infuriò.

Det var første gang Buck havde fejlet, og Hal blev rasende.

Gettò via la frusta e prese al suo posto il pesante manganello.

Han kastede pisken fra sig og samlede i stedet den tunge kølle op.

La mazza di legno colpì con violenza, ma Buck non si alzò per muoversi.

Trækøllen faldt hårdt ned, men Buck rejste sig stadig ikke for at røre sig.

Come i suoi compagni di squadra, era troppo debole, ma non solo.

Ligesom sine holdkammerater var han for svag – men mere end det.

Buck aveva deciso di non muoversi, qualunque cosa accadesse.

Buck havde besluttet sig for ikke at flytte sig, uanset hvad der skete derefter.

Sentì qualcosa di oscuro e sicuro incombere proprio davanti a sé.

Han følte noget mørkt og sikkert svæve lige forude.

Quel terrore lo aveva colto non appena aveva raggiunto la riva del fiume.

Den frygt havde grebet ham, så snart han nåede flodbredden.

Quella sensazione non lo aveva abbandonato da quando aveva sentito il ghiaccio assottigliarsi sotto le zampe.

Følelsen havde ikke forladt ham, siden han havde mærket isen blive tynd under sine poter.

Qualcosa di terribile lo stava aspettando: lo sentiva proprio lungo il sentiero.

Noget forfærdeligt ventede – han mærkede det lige nede ad stien.

Non avrebbe camminato verso quella cosa terribile davanti a lui

Han ville ikke gå mod den forfærdelige ting forude.

Non avrebbe obbedito a nessun ordine che lo avrebbe condotto a quella cosa.

Han ville ikke adlyde nogen kommando, der førte ham til den ting.

Ormai il dolore dei colpi non lo sfiorava più: era troppo stanco.

Smerten fra slagene rørte ham knap nok nu – han var for langt væk.

La scintilla della vita tremolava lentamente, affievolita da ogni colpo crudele.

Livsgnisten blafrede lavt, dæmpet under hvert grusomme slag.

Gli arti gli sembravano distanti; tutto il corpo sembrava appartenere a un altro.

Hans lemmer føltes fjerne; hele hans krop syntes at tilhøre en anden.

Sentì uno strano torpore mentre il dolore scompariva completamente.

Han følte en mærkelig følelsesløshed, da smerten forsvandt helt.

Da lontano, sentiva che lo stavano picchiando, ma non se ne rendeva conto.

På afstand fornemmede han, at han blev slået, men vidste det knap nok.

Poteva udire debolmente i tonfi, ma ormai non gli facevano più male.

Han kunne svagt høre dunkene, men de gjorde ikke længere rigtig ondt.

I colpi andarono a segno, ma il suo corpo non sembrava più il suo.

Slagene landede, men hans krop føltes ikke længere som hans egen.

Poi, all'improvviso, senza alcun preavviso, John Thornton lanciò un grido selvaggio.

Så pludselig, uden varsel, udstødte John Thornton et vildt skrig.

Era inarticolato, più il grido di una bestia che di un uomo.

Det var uartikuleret, mere et dyrs end et menneskes skrig.

Si lanciò sull'uomo con la mazza e fece cadere Hal all'indietro.

Han sprang mod manden med køllen og slog Hal bagover.

Hal volò come se fosse stato colpito da un albero, atterrando pesantemente al suolo.

Hal fløj, som om han var blevet ramt af et træ, og landede hårdt på jorden.

Mercedes urlò a gran voce in preda al panico e si portò le mani al viso.

Mercedes skreg højt i panik og klamrede sig til hendes ansigt.

Charles si limitò a guardare, si asciugò gli occhi e rimase seduto.

Charles så bare til, tørrede øjnene og blev siddende.

Il suo corpo era troppo irrigidito dal dolore per alzarsi o contribuire alla lotta.

Hans krop var for stiv af smerter til at rejse sig eller hjælpe til i kampen.

Thornton era in piedi davanti a Buck, tremante di rabbia, incapace di parlare.

Thornton stod over Buck, rystende af raseri, ude af stand til at tale.

Tremava di rabbia e lottò per trovare la voce.

Han rystede af raseri og kæmpede for at finde sin stemme igennem det.

"Se colpisci ancora quel cane, ti uccido", disse infine.

"Hvis du slår den hund igen, slår jeg dig ihjel," sagde han endelig.

Hal si asciugò il sangue dalla bocca e tornò avanti.

Hal tørrede blodet af munden og kom frem igen.

"È il mio cane", borbottò. "Togliti di mezzo o ti sistemo io."

"Det er min hund," mumlede han. "Kom væk, ellers ordner jeg dig."

"Vado da Dawson e tu non mi fermerai", ha aggiunto.

"Jeg tager til Dawson, og du stopper mig ikke," tilføjede han.

Thornton si fermò tra Buck e il giovane arrabbiato.

Thornton stod fast mellem Buck og den vrede unge mand.

Non aveva alcuna intenzione di farsi da parte o di lasciar passare Hal.

Han havde ingen intentioner om at træde til side eller lade Hal gå forbi.

Hal tirò fuori il suo coltello da caccia, lungo e pericoloso nella sua mano.

Hal trak sin jagtkniv frem, lang og farlig i hånden.

Mercedes urlò, poi pianse, poi rise in preda a un'isteria selvaggia.

Mercedes skreg, så græd, så lo hun i vild hysteri.

Thornton colpì la mano di Hal con il manico dell'ascia, con forza e rapidità.

Thornton slog Hals hånd med sit økseskaft, hårdt og hurtigt.

Il coltello si liberò dalla presa di Hal e volò a terra.

Kniven blev slået løs fra Hals greb og fløj til jorden.

Hal cercò di raccogliere il coltello, ma Thornton gli batté di nuovo le nocche.

Hal prøvede at samle kniven op, og Thornton bankede igen på knoerne.

Poi Thornton si chinò, afferrò il coltello e lo tenne fermo.

Så bøjede Thornton sig ned, greb kniven og holdt den.

Con due rapidi colpi del manico dell'ascia, tagliò le redini di Buck.

Med to hurtige hug med økseskaftet huggede han Bucks tøjler over.

Hal non aveva più voglia di combattere e si allontanò dal cane.

Hal havde ingen kamp tilbage i sig og trådte tilbage fra hunden.

Inoltre, ora Mercedes aveva bisogno di entrambe le braccia per restare in piedi.

Desuden havde Mercedes brug for begge arme nu for at holde sig oprejst.

Buck era troppo vicino alla morte per poter nuovamente tirare la slitta.

Buck var for døden nær til at kunne bruges til at trække en slæde igen.

Pochi minuti dopo, ripartirono, dirigendosi verso il fiume.

Få minutter senere kørte de ud og satte kursen ned ad floden.

Buck sollevò debolmente la testa e li guardò lasciare la banca.

Buck løftede svagt hovedet og så dem forlade banken.

Pike guidava la squadra, con Solleks dietro al volante.

Pike førte holdet, med Solleks bagerst i rattet.

Joe e Teek camminavano in mezzo, zoppicando entrambi per la stanchezza.

Joe og Teek gik imellem, begge haltende af udmattelse.

Mercedes si sedette sulla slitta e Hal afferrò la lunga pertica.

Mercedes satte sig på slæden, og Hal greb fat i den lange gee-stang.

Charles barcollava dietro di lui, con passi goffi e incerti.

Charles snublede bagved, hans skridt klodsede og usikre.

Thornton si inginocchiò accanto a Buck e tastò delicatamente per vedere se aveva ossa rotte.

Thornton knælede ved siden af Buck og følte forsigtigt efter brækkede knogler.

Le sue mani erano ruvide, ma si muovevano con gentilezza e cura.

Hans hænder var ru, men bevægede sig med venlighed og omhu.

Il corpo di Buck era pieno di lividi, ma non presentava lesioni permanenti.

Bucks krop var forslået, men viste ingen varige skader.

Ciò che restava era una fame terribile e una debolezza quasi totale.

Tilbage var en frygtelig sult og en næsten total svaghed.

Quando la situazione fu più chiara, la slitta era già andata molto a valle.

Da dette var klart, var slæden kørt langt ned ad floden.

L'uomo e il cane osservavano la slitta avanzare lentamente sul ghiaccio che si rompeva.

Mand og hund så slæden langsomt kravle hen over den revnede is.

Poi videro la slitta sprofondare in una cavità.

Så så de slæden synke ned i en fordybning.

La pertica volò in alto, ma Hal vi si aggrappò ancora invano.

Gee-stangen fløj op, og Hal klamrede sig stadig forgæves til den.

L'urlo di Mercedes li raggiunse attraverso la fredda distanza.

Mercedes' skrig nåede dem over den kolde afstand.

Charles si voltò e fece un passo indietro, ma era troppo tardi.

Charles vendte sig og trådte tilbage – men han var for sent ude.

Un'intera calotta di ghiaccio cedette e tutti precipitarono.

En hel iskappe gav efter, og de faldt alle sammen igennem.

Cani, slitte e persone scomparvero nelle acque nere sottostanti.

Hunde, slæde og mennesker forsvandt i det sorte vand nedenfor.

Nel punto in cui erano passati era rimasto solo un largo buco nel ghiaccio.

Kun et bredt hul i isen var tilbage, hvor de var passeret.

Il fondo del sentiero era crollato, proprio come aveva previsto Thornton.

Stiens bund var faldet ud – præcis som Thornton advarede om.

Thornton e Buck si guardarono l'un l'altro, in silenzio per un momento.

Thornton og Buck så tavse på hinanden et øjeblik.

"Povero diavolo", disse Thornton dolcemente, e Buck gli leccò la mano.

"Din stakkels djævel," sagde Thornton sagte, og Buck slikkede sin hånd.

Per amore di un uomo
Af kærlighed til en mand

John Thornton si congelò i piedi per il freddo del dicembre precedente.
John Thornton frøs fødderne i kulden i den foregående december.

I suoi compagni lo fecero sentire a suo agio e lo lasciarono guarire da solo.
Hans partnere sørgede for, at han havde det behageligt og lod ham komme sig alene.

Risalirono il fiume per raccogliere una zattera di tronchi da sega per Dawson.
De gik op ad floden for at samle en tømmerflåde savtømmer til Dawson.

Zoppicava ancora leggermente quando salvò Buck dalla morte.
Han haltede stadig lidt, da han reddede Buck fra døden.

Ma con il persistere del caldo, anche quella zoppia è scomparsa.
Men med det fortsatte varme vejr forsvandt selv den halten.

Sdraiato sulla riva del fiume durante le lunghe giornate primaverili, Buck si riposò.
Buck hvilede sig ved flodbredden i de lange forårsdage.

Osservava l'acqua che scorreva e ascoltava gli uccelli e gli insetti.
Han betragtede det strømmende vand og lyttede til fugle og insekter.

Lentamente Buck riacquistò le forze sotto il sole e il cielo.
Langsomt genvandt Buck sine kræfter under solen og himlen.

Dopo aver viaggiato tremila miglia, riposarsi è stato meraviglioso.
En hvile føltes vidunderlig efter at have rejst tre tusinde kilometer.

Buck diventò pigro man mano che le sue ferite guarivano e il suo corpo si riempiva.

Buck blev doven, efterhånden som hans sår helede, og hans krop fyldtes op.

I suoi muscoli si rassodarono e la carne tornò a ricoprire le sue ossa.

Hans muskler blev faste, og kødet dækkede knoglerne igen.

Stavano tutti riposando: Buck, Thornton, Skeet e Nig.

De hvilede sig alle – Buck, Thornton, Skeet og Nig.

Aspettarono la zattera che li avrebbe portati a Dawson.

De ventede på tømmerflåden, der skulle fragte dem ned til Dawson.

Skeet era un piccolo setter irlandese che fece amicizia con Buck.

Skeet var en lille irsk setter, der blev venner med Buck.

Buck era troppo debole e malato per resisterle al loro primo incontro.

Buck var for svag og syg til at modstå hende ved deres første møde.

Skeet aveva la caratteristica di guaritore che alcuni cani possiedono per natura.

Skeet havde den helbredende egenskab, som nogle hunde naturligt besidder.

Come una gatta, leccò e pulì le ferite aperte di Buck.

Som en morkat slikkede og rensede hun Bucks rå sår.

Ogni mattina, dopo colazione, ripeteva il suo attento lavoro.

Hver morgen efter morgenmaden gentog hun sit omhyggelige arbejde.

Buck finì per aspettarsi il suo aiuto tanto quanto quello di Thornton.

Buck kom til at forvente hendes hjælp lige så meget, som han forventede Thorntons.

Anche Nig era amichevole, ma meno aperto e meno affettuoso.

Nig var også venlig, men mindre åben og mindre kærlig.

Nig era un grosso cane nero, in parte segugio e in parte levriero.

Nig var en stor sort hund, delvist blodhund og delvist hjortehund.

Aveva occhi sorridenti e un'infinita bontà d'animo.

Han havde leende øjne og en uendelig godhed i sin ånd.

Con sorpresa di Buck, nessuno dei due cani mostrò gelosia nei suoi confronti.

Til Bucks overraskelse viste ingen af hundene jalousi over for ham.

Sia Skeet che Nig condividevano la gentilezza di John Thornton.

Både Skeet og Nig delte John Thorntons venlighed.

Man mano che Buck diventava più forte, lo attiravano in stupidi giochi da cani.

Efterhånden som Buck blev stærkere, lokkede de ham med i tåbelige hundelege.

Anche Thornton giocava spesso con loro, incapace di resistere alla loro gioia.

Thornton legede også ofte med dem, ude af stand til at modstå deres glæde.

In questo modo giocoso, Buck passò dalla malattia a una nuova vita.

På denne legende måde bevægede Buck sig fra sygdom til et nyt liv.

L'amore, quello vero, ardente e passionale, era finalmente suo.

Kærligheden – ægte, brændende og lidenskabelig kærlighed – var endelig hans.

Non aveva mai conosciuto questo tipo di amore nella tenuta di Miller.

Han havde aldrig kendt denne form for kærlighed på Millers ejendom.

Con i figli del giudice aveva condiviso lavoro e avventure.

Med dommerens sønner havde han delt arbejde og eventyr.

Nei nipoti notò un orgoglio rigido e vanitoso.

Hos børnebørnene så han stiv og pralende stolthed.

Con lo stesso giudice Miller aveva un rapporto di rispettosa amicizia.

Med dommer Miller selv havde han et respektfuldt venskab.

Ma l'amore che era fuoco, follia e adorazione era ciò che accadeva con Thornton.

Men kærlighed, der var ild, vanvid og tilbedelse, kom med Thornton.

Quest'uomo aveva salvato la vita di Buck, e questo di per sé significava molto.

Denne mand havde reddet Bucks liv, og alene det betød meget.

Ma più di questo, John Thornton era il tipo ideale di maestro.

Men mere end det, var John Thornton den ideelle slags mester.

Altri uomini si prendevano cura dei cani per dovere o per necessità lavorative.

Andre mænd passede hunde af pligt eller forretningsmæssig nødvendighed.

John Thornton si prendeva cura dei suoi cani come se fossero figli.

John Thornton passede på sine hunde, som var de hans børn.

Si prendeva cura di loro perché li amava e semplicemente non poteva farne a meno.

Han holdt af dem, fordi han elskede dem og simpelthen ikke kunne lade være.

John Thornton vide molto più lontano di quanto la maggior parte degli uomini riuscisse mai a vedere.

John Thornton så endnu længere end de fleste mænd nogensinde formåede at se.

Non dimenticava mai di salutarli gentilmente o di pronunciare una parola di incoraggiamento.

Han glemte aldrig at hilse venligt på dem eller sige et opmuntrende ord.

Amava sedersi con i cani per fare lunghe chiacchierate, o "gassy", come diceva lui.

Han elskede at sidde ned med hundene til lange samtaler, eller "gassy", som han sagde.

Gli piaceva afferrare bruscamente la testa di Buck tra le sue mani forti.

Han kunne lide at gribe Bucks hoved hårdt mellem sine stærke hænder.

Poi appoggiò la testa contro quella di Buck e lo scosse delicatamente.

Så hvilede han sit hoved mod Bucks og rystede ham forsigtigt.

Nel frattempo, chiamava Buck con nomi volgari che per lui significavano affetto.

Hele tiden kaldte han Buck uhøflige navne, der betød kærlighed for Buck.

Per Buck, quell'abbraccio rude e quelle parole portarono una gioia profonda.

For Buck bragte den hårde omfavnelse og de ord dyb glæde.

A ogni movimento il suo cuore sembrava sussultare di felicità.

Hans hjerte syntes at dirre løs af lykke ved hver bevægelse.

Quando poi balzò in piedi, la sua bocca sembrava ridere.

Da han sprang op bagefter, så det ud, som om hans mund lo.

I suoi occhi brillavano intensamente e la sua gola tremava per una gioia inespressa.

Hans øjne strålede klart, og hans hals dirrede af uudtalt glæde.

Il suo sorriso rimase immobile in quello stato di emozione e affetto ardente.

Hans smil stod stille i den tilstand af følelser og glødende hengivenhed.

Allora Thornton esclamò pensieroso: "Dio! Riesce quasi a parlare!"

Så udbrød Thornton eftertænksomt: "Gud! han kan næsten tale!"

Buck aveva uno strano modo di esprimere l'amore che quasi gli causava dolore.

Buck havde en mærkelig måde at udtrykke kærlighed på, der næsten forårsagede smerte.

Spesso stringeva forte la mano di Thornton tra i denti.

Han greb ofte Thorntons hånd meget hårdt mellem tænderne.

Il morso avrebbe lasciato segni profondi che sarebbero rimasti per qualche tempo.

Biddet ville efterlade dybe mærker, der blev i nogen tid efter.

Buck credeva che quei giuramenti fossero amore, e Thornton la pensava allo stesso modo.

Buck troede, at disse eder var kærlighed, og Thornton vidste det samme.

Il più delle volte, l'amore di Buck si manifestava in un'adorazione silenziosa, quasi silenziosa.

Bucks kærlighed viste sig oftest i stille, næsten tavs tilbedelse.

Sebbene fosse emozionato quando veniva toccato o gli si parlava, non cercava attenzione.

Selvom han blev begejstret, når han blev berørt eller talt til, søgte han ikke opmærksomhed.

Skeet spinse il naso sotto la mano di Thornton finché lui non la accarezzò.

Skeet puffede sin snude under Thorntons hånd, indtil han kælede med hende.

Nig si avvicinò silenziosamente e appoggiò la sua grande testa sulle ginocchia di Thornton.

Nig gik stille hen og hvilede sit store hoved på Thorntons knæ.

Buck, al contrario, si accontentava di amare da una rispettosa distanza.

Buck var derimod tilfreds med at elske fra en respektfuld afstand.

Rimase sdraiato per ore ai piedi di Thornton, vigile e attento.

Han lå i timevis ved Thorntons fødder, årvågen og observerende.

Buck studiò ogni dettaglio del volto del suo padrone, perfino il più piccolo movimento.

Buck studerede hver eneste detalje af sin herres ansigt og mindste bevægelse.

Oppure sdraiati più lontano, studiando in silenzio la sagoma dell'uomo.

Eller løj længere væk og studerede mandens skikkelse i stilhed.

Buck osservava ogni piccolo movimento, ogni cambiamento di postura o di gesto.

Buck iagttog hver lille bevægelse, hvert skift i kropsholdning eller gestus.

Questo legame era così potente che spesso catturava lo sguardo di Thornton.

Denne forbindelse var så stærk, at den ofte fangede Thorntons blik.

Incontrò lo sguardo di Buck senza dire parole, e il suo amore traspariva chiaramente.

Han mødte Bucks øjne uden ord, kærligheden skinnede klart igennem.

Per molto tempo dopo essere stato salvato, Buck non perse mai di vista Thornton.

I lang tid efter at være blevet reddet, lod Buck aldrig Thornton ud af syne.

Ogni volta che Thornton usciva dalla tenda, Buck lo seguiva da vicino all'esterno.

Hver gang Thornton forlod teltet, fulgte Buck ham tæt udenfor.

Tutti i severi padroni delle Terre del Nord avevano fatto sì che Buck non riuscisse più a fidarsi.

Alle de barske herrer i Nordlandet havde gjort Buck bange for at stole på ham.

Temeva che nessun uomo potesse restare suo padrone se non per un breve periodo.

Han frygtede, at ingen mand kunne forblive hans herre i mere end en kort tid.

Temeva che John Thornton sarebbe scomparso come Perrault e François.

Han frygtede, at John Thornton ville forsvinde ligesom Perrault og François.

Anche di notte, la paura di perderlo tormentava il sonno agitato di Buck.

Selv om natten hjemsøgte frygten for at miste ham Bucks urolige søvn.

Quando Buck si svegliò, si trascinò fuori al freddo e andò nella tenda.

Da Buck vågnede, krøb han ud i kulden og gik hen til teltet.

Ascoltò attentamente il leggero suono del suo respiro interiore.

Han lyttede opmærksomt efter den bløde lyd af vejrtrækning indeni.

Nonostante il profondo amore di Buck per John Thornton, la natura selvaggia sopravvisse.

Trods Bucks dybe kærlighed til John Thornton, forblev vildmarken i live.

Quell'istinto primitivo, risvegliatosi nel Nord, non scomparve.

Det primitive instinkt, der var vækket i Norden, forsvandt ikke.

L'amore portava devozione, lealtà e il caldo legame attorno al fuoco.

Kærlighed bragte hengivenhed, loyalitet og ildens varme bånd.

Ma Buck mantenne anche i suoi istinti selvaggi, acuti e sempre all'erta.

Men Buck bevarede også sine vilde instinkter, skarpe og altid årvågne.

Non era solo un animale domestico addomesticato proveniente dalle dolci terre della civiltà.

Han var ikke bare et tamt kæledyr fra civilisationens bløde lande.

Buck era un essere selvaggio che si era seduto accanto al fuoco di Thornton.

Buck var et vildt væsen, der var kommet ind for at sidde ved Thorntons bål.

Sembrava un cane del Southland, ma in lui albergava la natura selvaggia.

Han lignede en sydlandsk hund, men der levede vildskab i ham.

Il suo amore per Thornton era troppo grande per permettersi un furto da parte di quell'uomo.

Hans kærlighed til Thornton var for stor til at tillade tyveri fra manden.

Ma in qualsiasi altro campo ruberebbe con audacia e senza esitazione.

Men i enhver anden lejr ville han stjæle dristigt og uden pause.

Era così abile nel rubare che nessuno riusciva a catturarlo o accusarlo.

Han var så snedig til at stjæle, at ingen kunne fange eller anklage ham.

Il suo viso e il suo corpo erano coperti di cicatrici dovute a molti combattimenti passati.

Hans ansigt og krop var dækket af ar fra mange tidligere kampe.

Buck continuava a combattere con ferocia, ma ora lo faceva con maggiore astuzia.

Buck kæmpede stadig voldsomt, men nu kæmpede han med mere list.

Skeet e Nig erano troppo docili per combattere, ed erano di Thornton.

Skeet og Nig var for blide til at slås, og de tilhørte Thornton.

Ma qualsiasi cane estraneo, non importa quanto forte o coraggioso, cedeva.

Men enhver fremmed hund, uanset hvor stærk eller modig den var, gav efter.

Altrimenti, il cane si ritrovò a combattere contro Buck, lottando per la propria vita.

Ellers måtte hunden kæmpe mod Buck; kæmpe for sit liv.

Buck non ebbe pietà quando decise di combattere contro un altro cane.

Buck viste ingen nåde, da han først valgte at kæmpe mod en anden hund.

Aveva imparato bene la legge del bastone e della zanna nel Nord.

Han havde lært loven om kølle og hugtand godt i Nordlandet.

Non ha mai rinunciato a un vantaggio e non si è mai tirato indietro dalla battaglia.

Han opgav aldrig en fordel og trak sig aldrig tilbage fra kamp.

Aveva studiato Spitz e i cani più feroci della polizia e della posta.

Han havde studeret Spitz og de vildeste post- og politihunde.

Sapeva chiaramente che non esisteva via di mezzo in un combattimento selvaggio.

Han vidste tydeligt, at der ikke var nogen mellemvej i vild kamp.

Doveva governare o essere governato; mostrare misericordia significava mostrare debolezza.

Han måtte herske eller blive hersket; at vise barmhjertighed betød at vise svaghed.

La pietà era sconosciuta nel mondo crudo e brutale della sopravvivenza.

Barmhjertighed var ukendt i overlevelsens rå og brutale verden.

Mostrare pietà era visto come un atto di paura, e la paura conduceva rapidamente alla morte.

At vise barmhjertighed blev set som frygt, og frygt førte hurtigt til døden.

La vecchia legge era semplice: uccidere o essere uccisi, mangiare o essere mangiati.

Den gamle lov var enkel: dræb eller bliv dræbt, spis eller bliv spist.

Quella legge proveniva dalle profondità del tempo e Buck la seguì alla lettera.

Den lov kom fra tidens dyb, og Buck fulgte den fuldt ud.

Buck era più vecchio dei suoi anni e del numero dei suoi respiri.

Buck var ældre end sine år og antallet af åndedrag, han tog.

Collegava in modo chiaro il passato remoto con il momento presente.

Han forbandt den gamle fortid tydeligt med nutiden.

I ritmi profondi dei secoli si muovevano attraverso di lui come le maree.

Tidernes dybe rytmer bevægede sig gennem ham som tidevandet.

Il tempo pulsava nel suo sangue con la stessa sicurezza con cui le stagioni muovevano la terra.

Tiden pulserede i hans blod lige så sikkert som årstiderne bevægede jorden.

Sedeva accanto al fuoco di Thornton, con il petto forte e le zanne bianche.

Han sad ved Thorntons ild med kraftig brystkasse og hvide hugtænder.

La sua lunga pelliccia ondeggiava, ma dietro di lui lo osservavano gli spiriti dei cani selvatici.

Hans lange pels blafrede, men bag ham så vilde hundes ånder på.

Lupi mezzi e lupi veri si agitavano nel suo cuore e nei suoi sensi.

Halvulve og fulde ulve rørte sig i hans hjerte og sanser.

Assaggiarono la sua carne e bevvero la stessa acqua che bevve lui.

De smagte på hans kød og drak det samme vand som han gjorde.

Annusarono il vento insieme a lui e ascoltarono la foresta.

De snusede til vinden ved siden af ham og lyttede til skoven.

Sussurravano il significato dei suoni selvaggi nell'oscurità.

De hviskede betydningen af de vilde lyde i mørket.

Modellavano il suo umore e guidavano ciascuna delle sue reazioni silenziose.

De formede hans humør og styrede hver af hans stille reaktioner.

Giacevano accanto a lui mentre dormiva e diventavano parte dei suoi sogni profondi.

De lå hos ham, mens han sov, og blev en del af hans dybe drømme.

Sognavano con lui, oltre lui, e costituivano il suo stesso spirito.

De drømte med ham, hinsides ham, og udgjorde selve hans ånd.

Gli spiriti della natura selvaggia chiamavano con tanta forza che Buck si sentì attratto.

Vildmarkens ånder kaldte så stærkt, at Buck følte sig draget.

Ogni giorno che passava, l'umanità e le sue rivendicazioni si indebolivano nel cuore di Buck.

Hver dag blev menneskeheden og dens krav svagere i Bucks hjerte.

Nel profondo della foresta si stava per udire un richiamo strano ed emozionante.

Dybt inde i skoven ville et mærkeligt og spændende kald stige.

Ogni volta che sentiva la chiamata, Buck provava un impulso a cui non riusciva a resistere.

Hver gang han hørte kaldet, følte Buck en trang, han ikke kunne modstå.

Avrebbe voltato le spalle al fuoco e ai sentieri battuti dagli uomini.

Han ville vende sig bort fra ilden og fra de slagne menneskestier.

Stava per addentrarsi nella foresta, avanzando senza sapere il perché.

Han ville styrte ind i skoven, fortsætte fremad uden at vide hvorfor.

Non mise in discussione questa attrazione, perché la chiamata era profonda e potente.

Han satte ikke spørgsmålstegn ved denne tiltrækning, for kaldet var dybt og kraftfuldt.

Spesso raggiungeva l'ombra verde e la terra morbida e intatta

Ofte nåede han den grønne skygge og den bløde, uberørte jord

Ma poi il forte amore per John Thornton lo riportò al fuoco.

Men så trak den stærke kærlighed til John Thornton ham tilbage til ilden.

Soltanto John Thornton riuscì davvero a tenere stretto il cuore selvaggio di Buck.

Kun John Thornton holdt virkelig Bucks vilde hjerte i sit greb.

Per Buck il resto dell'umanità non aveva alcun valore o significato duraturo.

Resten af menneskeheden havde ingen varig værdi eller betydning for Buck.

Gli sconosciuti potrebbero lodarlo o accarezzargli la pelliccia con mani amichevoli.

Fremmede roser ham måske eller stryger ham over pelsen med venlige hænder.

Buck rimase impassibile e se ne andò per eccesso di affetto.

Buck forblev urørlig og gik sin vej på grund af for megen hengivenhed.

Hans e Pete arrivarono con la zattera che era stata attesa a lungo

Hans og Pete ankom med den længe ventede tømmerflåde

Buck li ignorò finché non venne a sapere che erano vicini a Thornton.

Buck ignorerede dem, indtil han fandt ud af, at de var tæt på Thornton.

Da allora in poi li tollerò, ma non dimostrò mai loro tutto il suo calore.

Derefter tolererede han dem, men viste dem aldrig fuld varme.

Accettava da loro cibo o gentilezza come se volesse fare loro un favore.

Han tog imod mad eller venlighed fra dem, som om han gjorde dem en tjeneste.

Erano come Thornton: semplici, onesti e lucidi nei pensieri.

De var ligesom Thornton – enkle, ærlige og klare i tankerne.

Tutti insieme viaggiarono verso la segheria di Dawson e il grande vortice

Alle sammen rejste de til Dawsons savværk og den store hvirvelstrøm

Nel corso del loro viaggio impararono a comprendere profondamente la natura di Buck.

På deres rejse lærte de at forstå Bucks natur dybt.

Non cercarono di avvicinarsi come avevano fatto Skeet e Nig.

De forsøgte ikke at komme tættere på hinanden, ligesom Skeet og Nig havde gjort.

Ma l'amore di Buck per John Thornton non fece che aumentare con il tempo.

Men Bucks kærlighed til John Thornton blev kun dybere med tiden.

Solo Thornton poteva mettere uno zaino sulla schiena di Buck durante l'estate.

Kun Thornton kunne lægge en pakke på Bucks ryg om sommeren.

Buck era disposto a eseguire senza riserve qualsiasi ordine impartito da Thornton.

Uanset hvad Thornton beordrede, var Buck villig til at gøre fuldt ud.

Un giorno, dopo aver lasciato Dawson per le sorgenti del Tanana,

En dag, efter de havde forladt Dawson for at nå Tanana-flodens udspring,

il gruppo era seduto su una rupe che scendeva per un metro fino a raggiungere la nuda roccia.

Gruppen sad på en klippe, der faldt en meter ned til bart grundfjeld.

John Thornton si sedette vicino al bordo e Buck si riposò accanto a lui.

John Thornton sad nær kanten, og Buck hvilede sig ved siden af ham.

Thornton ebbe un'idea improvvisa e richiamò l'attenzione degli uomini.

Thornton fik en pludselig tanke og tiltrak mændenes opmærksomhed.

Indicò l'altro lato del baratro e diede a Buck un unico comando.

Han pegede over kløften og gav Buck én kommando.

"Salta, Buck!" disse, allungando il braccio oltre il precipizio.

"Hop, Buck!" sagde han og svingede armen ud over faldet.

Un attimo dopo dovette afferrare Buck, che stava saltando per obbedire.

Om et øjeblik måtte han gribe fat i Buck, som sprang for at adlyde.

Hans e Pete si precipitarono in avanti e tirarono entrambi indietro per metterli in salvo.

Hans og Pete skyndte sig frem og trak begge tilbage i sikkerhed.

Dopo che tutto fu finito e che ebbero ripreso fiato, Pete prese la parola.

Efter at alt var overstået, og de havde fået vejret, tog Pete ordet.

«È un amore straordinario», disse, scosso dalla feroce devozione del cane.

"Kærligheden er uhyggelig," sagde han, rystet af hundens voldsomme hengivenhed.

Thornton scosse la testa e rispose con calma e serietà.

Thornton rystede på hovedet og svarede med rolig alvor.

«No, l'amore è splendido», disse, «ma anche terribile».

"Nej, kærligheden er storslået," sagde han, "men også forfærdelig."

"A volte, devo ammetterlo, questo tipo di amore mi fa paura."

"Nogle gange må jeg indrømme, at denne form for kærlighed gør mig bange."

Pete annuì e disse: "Mi dispiacerebbe tanto essere l'uomo che ti tocca".

Pete nikkede og sagde: "Jeg ville hade at være den mand, der rører dig."

Mentre parlava, guardava Buck con aria seria e piena di rispetto.

Han så på Buck, mens han talte, alvorligt og fuld af respekt.

"Py Jingo!" esclamò Hans in fretta. "Neanch'io, no signore."

„Py Jingo!" sagde Hans hurtigt. „Heller ikke mig, nej, hr."

Prima che finisse l'anno, i timori di Pete si avverarono a Circle City.

Inden året var omme, gik Petes frygt i opfyldelse i Circle City.

Un uomo crudele di nome Black Burton attaccò una rissa nel bar.

En grusom mand ved navn Black Burton startede et slagsmål i baren.

Era arrabbiato e cattivo, e si scagliava contro un novellino.

Han var vred og ondskabsfuld og langede ud efter en ny følsom fod.

John Thornton intervenne, calmo e bonario come sempre.

John Thornton trådte til, rolig og godmodig som altid.

Buck giaceva in un angolo, con la testa bassa, e osservava Thornton attentamente.

Buck lå i et hjørne med hovedet nedad og iagttog Thornton nøje.

Burton colpì all'improvviso e il suo pugno fece girare Thornton.

Burton slog pludselig til, og hans slag fik Thornton til at snurre rundt.

Solo la ringhiera della sbarra gli impedì di cadere violentemente a terra.

Kun barens gelænder forhindrede ham i at styrte hårdt ned på jorden.

Gli osservatori hanno sentito un suono che non era un abbaio o un guaito

Vagterne hørte en lyd, der ikke var gøen eller gylpen

Buck emise un profondo ruggito mentre si lanciava verso l'uomo.

Et dybt brøl lød fra Buck, da han skyndte sig mod manden.

Burton alzò il braccio e per poco non si salvò la vita.

Burton løftede armen og reddede med nød og næppe sit eget liv.

Buck si schiantò contro di lui, facendolo cadere a terra.

Buck bragede ind i ham og slog ham fladt ned på gulvet.

Buck gli diede un morso profondo al braccio, poi si lanciò alla gola.

Buck bed dybt i mandens arm og kastede sig derefter ud efter struben.

Burton riuscì a parare solo in parte e il suo collo fu squarciato.

Burton kunne kun delvist blokere, og hans hals blev revet op.

Gli uomini si precipitarono dentro, brandendo i manganelli e allontanarono Buck dall'uomo sanguinante.

Mænd stormede ind, med køller hejst, og drev Buck væk fra den blødende mand.

Un chirurgo ha lavorato rapidamente per impedire che il sangue fuoriuscisse.

En kirurg arbejdede hurtigt for at stoppe blodet i at løbe ud.

Buck camminava avanti e indietro ringhiando, tentando di attaccare ancora e ancora.

Buck gik frem og tilbage og knurrede, mens han forsøgte at angribe igen og igen.

Soltanto i bastoni oscillanti gli impedirono di raggiungere Burton.

Kun svingende køller forhindrede ham i at nå Burton.

Proprio lì, sul posto, venne convocata una riunione dei minatori.

Der blev indkaldt til et minearbejdermøde og afholdt lige der på stedet.

Concordarono sul fatto che Buck era stato provocato e votarono per liberarlo.

De var enige om, at Buck var blevet provokeret, og stemte for at sætte ham fri.

Ma il nome feroce di Buck risuonava ormai in ogni accampamento dell'Alaska.

Men Bucks stærke navn gav nu genlyd i alle lejre i Alaska.

Più tardi, quello stesso autunno, Buck salvò Thornton di nuovo in un modo nuovo.

Senere samme efterår reddede Buck Thornton igen på en ny måde.

I tre uomini stavano guidando una lunga barca lungo delle rapide impetuose.

De tre mænd førte en lang båd ned ad barske strømfald.

Thornton manovrava la barca, gridando indicazioni per raggiungere la riva.

Thornton managede båden og råbte vej til kystlinjen.

Hans e Pete correvano sulla terraferma, tenendo una corda da un albero all'altro.

Hans og Pete løb på land og holdt et reb fra træ til træ.

Buck procedeva a passo d'uomo sulla riva, tenendo sempre d'occhio il suo padrone.

Buck holdt trit på bredden og holdt altid øje med sin herre.

In un punto pericoloso, delle rocce sporgevano dall'acqua veloce.

På et ubehageligt sted stak klipper ud under det brusende vand.

Hans lasciò andare la cima e Thornton tirò la barca verso la larghezza.

Hans slap rebet, og Thornton styrede båden vidt.

Hans corse a percorrerla di nuovo, superando le pericolose rocce.

Hans spurtede for at indhente båden igen forbi de farlige klipper.

La barca superò la sporgenza ma trovò una corrente più forte.

Båden passerede afsatsen, men ramte en stærkere del af strømmen.

Hans afferrò la cima troppo velocemente e fece perdere l'equilibrio alla barca.

Hans greb for hurtigt fat i rebet og trak båden ud af balance.

La barca si capovolse e sbatté contro la riva, con la parte inferiore rivolta verso l'alto.

Båden kæntrede og bragede ind i bredden med bunden opad.

Thornton venne scaraventato fuori e trascinato nella parte più selvaggia dell'acqua.

Thornton blev kastet ud og fejet ud i den vildeste del af vandet.

Nessun nuotatore sarebbe sopravvissuto in quelle acque pericolose e pericolose.

Ingen svømmer kunne have overlevet i det dødbringende, brusende vand.

Buck si lanciò all'istante e inseguì il suo padrone lungo il fiume.

Buck sprang straks ind og jagtede sin herre ned ad floden.

Dopo trecento metri finalmente raggiunse Thornton.

Efter tre hundrede meter nåede han endelig Thornton.

Thornton afferrò la coda di Buck, e Buck si diresse verso la riva.

Thornton greb fat i Bucks hale, og Buck vendte sig mod kysten.

Nuotò con tutte le sue forze, lottando contro la forte resistenza dell'acqua.

Han svømmede med fuld styrke og kæmpede mod vandets vilde modstand.

Si spostarono verso valle più velocemente di quanto riuscissero a raggiungere la riva.

De bevægede sig nedstrøms hurtigere, end de kunne nå kysten.

Più avanti, il fiume ruggiva più forte, precipitando in rapide mortali.

Forude brølede floden højere, mens den faldt ned i dødbringende strømfald.

Le rocce fendevano l'acqua come i denti di un enorme pettine.

Stenene skar gennem vandet som tænderne på en enorm kam.

La forza di attrazione dell'acqua nei pressi del dislivello era selvaggia e ineluttabile.

Vandets tiltrækning nær dråben var vild og uundgåelig.

Thornton sapeva che non sarebbero mai riusciti a raggiungere la riva in tempo.

Thornton vidste, at de aldrig kunne nå kysten i tide.

Raschiò una roccia, ne sbatté una seconda,

Han skrabede over én sten, smadrede hen over en anden,

Poi si schiantò contro una terza roccia, afferrandola con entrambe le mani.

Og så bragede han ind i en tredje sten og greb den med begge hænder.

Lasciò andare Buck e urlò sopra il ruggito: "Vai, Buck! Vai!"

Han slap Buck og råbte over brølet: "Afsted, Buck! Afsted!"

Buck non riuscì a restare a galla e fu trascinato dalla corrente.

Buck kunne ikke holde sig oven vande og blev revet med af strømmen.

Lottò con tutte le sue forze, cercando di girarsi, ma non fece alcun progresso.

Han kæmpede hårdt og kæmpede for at vende sig, men gjorde slet ingen fremskridt.

Poi sentì Thornton ripetere il comando sopra il fragore del fiume.

Så hørte han Thornton gentage kommandoen over flodens brølen.

Buck si impennò fuori dall'acqua e sollevò la testa come per dare un'ultima occhiata.

Buck steg op af vandet og løftede hovedet, som for at kaste et sidste blik.

poi si voltò e obbedì, nuotando verso la riva con risolutezza.

så vendte han sig om og adlød, mens han beslutsomt svømmede mod bredden.

Pete e Hans lo tirarono a riva all'ultimo momento possibile.

Pete og Hans trak ham i land i det sidste mulige øjeblik.

Sapevano che Thornton avrebbe potuto aggrapparsi alla roccia solo per pochi minuti.

De vidste, at Thornton kun kunne klamre sig til klippen i få minutter mere.

Corsero su per la riva fino a un punto molto più in alto rispetto al punto in cui lui era appeso.

De løb op ad bredden til et sted langt over, hvor han hang.

Legarono con cura la cima della barca al collo e alle spalle di Buck.

De bandt omhyggeligt bådens line fast til Bucks nakke og skuldre.

La corda era stretta ma abbastanza larga da permettere di respirare e muoversi.

Rebet var stramt, men løst nok til at trække vejret og bevæge sig.

Poi lo gettarono di nuovo nel fiume impetuoso e mortale.

Så kastede de ham igen ud i den brusende, dødbringende flod.

Buck nuotò coraggiosamente ma non riuscì a prendere l'angolazione giusta per affrontare la forza della corrente.

Buck svømmede dristigt, men ramte ikke strømmens kraft.

Si accorse troppo tardi che stava per superare Thornton.

Han så for sent, at han ville drive forbi Thornton.

Hans tirò forte la corda, come se Buck fosse una barca che si capovolge.

Hans stramte rebet, som om Buck var en kæntrende båd.

La corrente lo trascinò sott'acqua e lui scomparve sotto la superficie.

Strømmen trak ham ned under overfladen, og han forsvandt.

Il suo corpo colpì la riva prima che Hans e Pete lo tirassero fuori.

Hans krop ramte banken, før Hans og Pete trak ham op.

Era mezzo annegato e gli tolsero l'acqua dal corpo.

Han var halvt druknet, og de hamrede vandet ud af ham.

Buck si alzò, barcollò e crollò di nuovo a terra.

Buck rejste sig, vaklede og kollapsede igen om på jorden.

Poi udirono la voce di Thornton portata debolmente dal vento.

Så hørte de Thorntons stemme, svagt båret af vinden.

Sebbene le parole non fossero chiare, sapevano che era vicino alla morte.

Selvom ordene var uklare, vidste de, at han var døden nær.

Il suono della voce di Thornton colpì Buck come una scossa elettrica.

Lyden af Thorntons stemme ramte Buck som et elektrisk stød.

Saltò in piedi e corse su per la riva, tornando al punto di partenza.

Han sprang op og løb op ad bredden og vendte tilbage til startstedet.

Legarono di nuovo la corda a Buck, e di nuovo lui entrò nel fiume.

Igen bandt de rebet til Buck, og igen gik han ud i bækken.

Questa volta nuotò direttamente e con decisione nell'acqua impetuosa.

Denne gang svømmede han direkte og bestemt ud i det brusende vand.

Hans lasciò scorrere la corda con regolarità, mentre Pete impediva che si aggrovigliasse.

Hans slap rebet støt ud, mens Pete holdt det fra at filtre sig sammen.

Buck nuotò con forza finché non si trovò allineato appena sopra Thornton.

Buck svømmede hårdt, indtil han var opstillet lige over Thornton.

Poi si voltò e si lanciò verso di lui come un treno a tutta velocità.

Så vendte han sig og susede ned som et tog i fuld fart.

Thornton lo vide arrivare, si preparò e gli abbracciò il collo.

Thornton så ham komme, forberedt og holdt armene om hans hals.

Hans legò saldamente la corda attorno a un albero mentre entrambi venivano tirati sott'acqua.

Hans bandt rebet fast omkring et træ, mens begge blev trukket under.

Caddero sott'acqua, schiantandosi contro rocce e detriti del fiume.

De tumlede under vandet og smadrede ind i klipper og flodaffald.

Un attimo prima Buck era in cima e un attimo dopo Thornton si alzava ansimando.

Det ene øjeblik var Buck på toppen, det næste rejste Thornton sig gispende.

Malconci e soffocati, si diressero verso la riva e si misero in salvo.

Forslåede og kvalte drejede de mod bredden og i sikkerhed.

Thornton riprese conoscenza mentre era sdraiato su un tronco alla deriva.

Thornton genvandt bevidstheden, liggende på tværs af en drivtømmer.

Hans e Pete lavorarono duramente per riportarlo a respirare e a vivere.

Hans og Pete arbejdede hårdt for at få ham tilbage i livet.

Il suo primo pensiero fu per Buck, che giaceva immobile e inerte.

Hans første tanke var på Buck, som lå ubevægelig og slap.

Nig ululò sul corpo di Buck e Skeet gli leccò delicatamente il viso.

Nig hylede over Bucks krop, og Skeet slikkede ham blidt i ansigtet.

Thornton, dolorante e contuso, esaminò Buck con mano attenta.

Thornton, øm og forslået, undersøgte Buck med forsigtige hænder.

Ha trovato tre costole rotte, ma il cane non presentava ferite mortali.

Han fandt tre brækkede ribben, men ingen dødelige sår hos hunden.

"Questo è tutto", disse Thornton. "Ci accamperemo qui". E così fecero.

"Det afgør sagen," sagde Thornton. "Vi camperer her." Og det gjorde de.

Rimasero lì finché le costole di Buck non guarirono e lui poté di nuovo camminare.

De blev, indtil Bucks ribben var helet, og han kunne gå igen.

Quell'inverno Buck compì un'impresa che accrebbe ulteriormente la sua fama.

Den vinter udførte Buck en bedrift, der øgede hans berømmelse yderligere.

Fu un gesto meno eroico del salvataggio di Thornton, ma altrettanto impressionante.

Det var mindre heroisk end at redde Thornton, men lige så imponerende.

A Dawson, i soci avevano bisogno di provviste per un viaggio lontano.

I Dawson havde partnerne brug for forsyninger til en fjern rejse.

Volevano viaggiare verso est, in terre selvagge e incontaminate.

De ville rejse østpå, ind i uberørte vildmarksområder.

Quel viaggio fu possibile grazie all'impresa compiuta da Buck nell'Eldorado Saloon.

Bucks gerning i Eldorado Saloon gjorde den rejse mulig.

Tutto cominciò con degli uomini che si vantavano dei loro cani bevendo qualcosa.

Det begyndte med mænd, der pralede af deres hunde over drinks.

La fama di Buck lo rese bersaglio di sfide e dubbi.

Bucks berømmelse gjorde ham til mål for udfordringer og tvivl.

Thornton, fiero e calmo, rimase fermo nel difendere il nome di Buck.

Thornton, stolt og rolig, stod fast i sit forsvar af Bucks navn.

Un uomo ha affermato che il suo cane riusciva a trainare facilmente duecentocinquanta chili.

En mand sagde, at hans hund nemt kunne trække fem hundrede pund.

Un altro disse seicento, e un terzo si vantò di settecento.

En anden sagde seks hundrede, og en tredje pralede med syv hundrede.

"Pfft!" disse John Thornton, "Buck può trainare una slitta da mille libbre."

"Pfft!" sagde John Thornton, "Buck kan trække en slæde på tusind pund."

Matthewson, un Bonanza King, si sporse in avanti e lo sfidò.

Matthewson, en Bonanza-konge, lænede sig frem og udfordrede ham.

"Pensi che possa spostare tutto quel peso?"

"Tror du, han kan lægge så meget vægt i bevægelse?"

"E pensi che riesca a sollevare il peso per cento metri?"

"Og du tror, han kan trække vægten hundrede meter?"

Thornton rispose freddamente: "Sì. Buck è abbastanza cane da farlo."

Thornton svarede køligt: "Ja. Buck er hund nok til at gøre det."

"Metterà in moto mille libbre e la tirerà per cento metri."

"Han sætter tusind pund i bevægelse og trækker det hundrede meter."

Matthewson sorrise lentamente e si assicurò che tutti gli uomini udissero le sue parole.

Matthewson smilede langsomt og sørgede for, at alle mænd hørte hans ord.

"Ho mille dollari che dicono che non può. Eccoli."

"Jeg har tusind dollars, der siger, at han ikke kan. Der er de."

Sbatté sul bancone un sacco di polvere d'oro grande quanto una salsiccia.

Han smækkede en sæk guldstøv på størrelse med en pølse på baren.

Nessuno disse una parola. Il silenzio si fece pesante e teso intorno a loro.

Ingen sagde et ord. Stilheden blev tung og anspændt omkring dem.

Il bluff di Thornton, se mai lo fu, era stato preso sul serio.

Thorntons bluff – hvis det var et – var blevet taget alvorligt.

Sentì il calore salirgli al viso mentre il sangue gli affluiva alle guance.

Han følte varmen stige op i ansigtet, mens blodet fossede op ad kinderne.

In quel momento la sua lingua aveva preceduto la ragione.

Hans tunge var kommet forud for hans fornuft i det øjeblik.

Non sapeva davvero se Buck sarebbe riuscito a spostare mille libbre.

Han vidste virkelig ikke, om Buck kunne flytte tusind pund.

Mezza tonnellata! Solo la sua mole gli faceva sentire il cuore pesante.

Et halvt ton! Alene størrelsen gjorde ham tung om hjertet.

Aveva fiducia nella forza di Buck e lo riteneva capace.

Han havde tillid til Bucks styrke og havde troet, at han var dygtig.

Ma non aveva mai affrontato una sfida di questo tipo, non in questo modo.

Men han havde aldrig stået over for den slags udfordring, ikke som denne.

Una dozzina di uomini lo osservavano in silenzio, in attesa di vedere cosa avrebbe fatto.

Et dusin mænd iagttog ham stille og ventede på at se, hvad han ville gøre.

Lui non aveva i soldi, e nemmeno Hans e Pete.

Han havde ikke pengene – hverken Hans eller Pete havde.

"Ho una slitta fuori", disse Matthewson in modo freddo e diretto.

"Jeg har en kælk udenfor," sagde Matthewson koldt og direkte.

"È carico di venti sacchi, da cinquanta libbre ciascuno, tutti di farina.

"Den er læsset med tyve sække, halvtreds pund hver, alt sammen mel."

Quindi non lasciare che la scomparsa della slitta diventi la tua scusa", ha aggiunto.

Så lad ikke en forsvunden slæde være din undskyldning nu," tilføjede han.

Thornton rimase in silenzio. Non sapeva che parole dire.

Thornton stod tavs. Han vidste ikke, hvilke ord han skulle sige.

Guardò i volti intorno a sé senza vederli chiaramente.

Han kiggede rundt på ansigterne uden at se dem tydeligt.

Sembrava un uomo immerso nei suoi pensieri, che cercava di ripartire.

Han lignede en mand, der var fastlåst i sine tanker, og som prøvede at genstarte.

Poi incontrò Jim O'Brien, un amico dei tempi dei Mastodon.

Så så han Jim O'Brien, en ven fra Mastodon-dagene.

Quel volto familiare gli diede un coraggio che non sapeva di avere.

Det velkendte ansigt gav ham et mod, han ikke vidste, han havde.

Si voltò e chiese a bassa voce: "Puoi prestarmi mille dollari?"

Han vendte sig om og spurgte med lav stemme: "Kan du låne mig tusind?"

"Certo", disse O'Brien, lasciando cadere un pesante sacco vicino all'oro.

"Javisst," sagde O'Brien, idet han allerede smed en tung sæk ved siden af guldet.

"Ma sinceramente, John, non credo che la bestia possa fare questo."

"Men ærligt talt, John, tror jeg ikke, at udyret kan gøre dette."

Tutti quelli presenti all'Eldorado Saloon si precipitarono fuori per assistere all'evento.

Alle i Eldorado Saloon skyndte sig udenfor for at se begivenheden.

Lasciarono tavoli e bevande e perfino le partite furono sospese.

De forlod borde og drikkevarer, og selv spillene blev sat på pause.

Croupier e giocatori accorsero per assistere alla conclusione di questa audace scommessa.

Dealere og spillere kom for at være vidne til det dristige væddemåls afslutning.

Centinaia di persone si radunarono attorno alla slitta sulla strada ghiacciata.

Hundredvis samledes omkring slæden på den isglatte åbne gade.

La slitta di Matthewson era carica di un carico completo di sacchi di farina.

Matthewsons slæde stod med en fuld last af melsække.

La slitta era rimasta ferma per ore a temperature sotto lo zero.

Slæden havde stået i timevis i minusgrader.

I pattini della slitta erano congelati e incollati alla neve compatta.

Slædens meder var frosset fast til den pakket sne.

Gli uomini scommettevano due a uno che Buck non sarebbe riuscito a spostare la slitta.

Mændene tilbød to til en odds på, at Buck ikke kunne flytte slæden.

Scoppiò una disputa su cosa significasse realmente "break out".

Der opstod en diskussion om, hvad "bryde ud" egentlig betød.

O'Brien ha affermato che Thornton dovrebbe allentare la base ghiacciata della slitta.

O'Brien sagde, at Thornton skulle løsne slædens frosne bund.

Buck potrebbe quindi "rompere" una partenza solida e immobile.

Buck kunne så "bryde ud" fra en solid, ubevægelig start.

Matthewson sosteneva che anche il cane doveva liberare i corridori.

Matthewson argumenterede for, at hunden også skulle slippe løberne fri.

Gli uomini che avevano sentito la scommessa concordavano con Matthewson.

Mændene, der havde hørt væddemålet, var enige i Matthewsons synspunkt.

Con questa sentenza, le probabilità contro Buck salirono a tre a uno.

Med den kendelse steg oddsene til tre til en mod Buck.

Nessuno si fece avanti per accettare le crescenti quote di tre a uno.

Ingen trådte frem for at tage imod de voksende odds på tre til en.

Nessuno credeva che Buck potesse compiere la grande impresa.

Ikke en eneste mand troede på, at Buck kunne udføre den store bedrift.

Thornton era stato spinto a scommettere, pieno di dubbi.

Thornton var blevet presset ind i væddemålet, tynget af tvivl.

Ora guardava la slitta e la muta di dieci cani accanto ad essa.

Nu kiggede han på slæden og spandet på ti hunde ved siden af den.

Vedere la realtà del compito lo faceva sembrare ancora più impossibile.

At se opgavens realitet fik den til at virke mere umulig.

In quel momento Matthewson era pieno di orgoglio e sicurezza.

Matthewson var fuld af stolthed og selvtillid i det øjeblik.

"Tre a uno!" urlò. "Ne scommetto altri mille, Thornton!

„Tre til en!" råbte han. „Jeg vædder med tusind mere, Thornton!"

"Cosa dici?" aggiunse, abbastanza forte da farsi sentire da tutti.

"Hvad siger du?" tilføjede han højt nok til, at alle kunne høre det.

Il volto di Thornton esprimeva i suoi dubbi, ma il suo spirito era sollevato.

Thorntons ansigt viste hans tvivl, men hans humør var steget.

Quello spirito combattivo ignorava le avversità e non temeva nulla.

Den kampånd ignorerede odds og frygtede slet ingenting.

Chiamò Hans e Pete perché portassero tutti i loro soldi al tavolo.

Han ringede til Hans og Pete for at få dem til at bringe alle deres penge til bordet.

Non gli era rimasto molto altro: solo duecento dollari in tutto.

De havde kun lidt tilbage – kun to hundrede dollars tilsammen.

Questa piccola somma costituiva la loro intera fortuna nei momenti difficili.

Denne lille sum var deres samlede formue i vanskelige tider.

Ciononostante puntarono tutta la loro fortuna contro la scommessa di Matthewson.

Alligevel satsede de hele formuen mod Matthewsons væddemål.

La muta composta da dieci cani venne sganciata e allontanata dalla slitta.

Spandet på ti hunde blev fraspændt og bevægede sig væk fra slæden.

Buck venne messo alle redini, indossando la sua consueta imbracatura.

Buck blev sat i tøjlerne, iført sin velkendte sele.

Aveva colto l'energia della folla e ne aveva percepito la tensione.

Han havde fanget mængdens energi og mærket spændingen.

In qualche modo sapeva che doveva fare qualcosa per John Thornton.

På en eller anden måde vidste han, at han var nødt til at gøre noget for John Thornton.

La gente mormorava ammirata di fronte alla figura fiera del cane.

Folk mumlede af beundring over hundens stolte skikkelse.

Era magro e forte, senza un solo grammo di carne in più.

Han var slank og stærk, uden en eneste ekstra gram kød.

Il suo peso di centocinquanta chili era sinonimo di potenza e resistenza.

Hans fulde vægt på hundrede og halvtreds pund var ren kraft og udholdenhed.

Il mantello di Buck brillava come la seta, denso di salute e forza.

Bucks pels glimtede som silke, tyk af sundhed og styrke.

La pelliccia sul collo e sulle spalle sembrava sollevarsi e drizzarsi.

Pelsen langs hans hals og skuldre syntes at løfte sig og få stritter i håret.

La sua criniera si muoveva leggermente, ogni capello era animato dalla sua grande energia.

Hans man bevægede sig let, hvert hårstrå levende med hans store energi.

Il suo petto ampio e le sue gambe forti si sposavano bene con la sua corporatura pesante e robusta.

Hans brede brystkasse og stærke ben matchede hans tunge, robuste kropsbygning.

I muscoli si tesero sotto il cappotto, tesi e sodi come ferro legato.

Musklerne bølgede under hans frakke, stramme og faste som bundet jern.

Gli uomini lo toccavano e giuravano che era fatto come una macchina d'acciaio.

Mænd rørte ved ham og svor, at han var bygget som en stålmaskine.

Le probabilità contro il grande cane sono scese leggermente a due a uno.

Oddsene faldt en smule til to til en mod den store hund.

Un uomo dei banchi di Skookum si fece avanti balbettando.

En mand fra Skookum-bænkene skubbede sig frem, stammende.

"Bene, signore! Offro ottocento per lui... prima della prova, signore!"

"Godt, hr.! Jeg tilbyder otte hundrede for ham – før prøven, hr.!"

"Ottocento, così com'è adesso!" insistette l'uomo.

"Otte hundrede, som han står lige nu!" insisterede manden.

Thornton fece un passo avanti, sorrise e scosse la testa con calma.

Thornton trådte frem, smilede og rystede roligt på hovedet.

Matthewson intervenne rapidamente con tono ammonitore e aggrottando la fronte.

Matthewson trådte hurtigt til med en advarende stemme og et rynket pande.

"Devi allontanarti da lui", disse. "Dagli spazio."

"Du skal træde væk fra ham," sagde han. "Giv ham plads."

La folla tacque; solo i giocatori continuavano a offrire due a uno.

Mængden blev stille; kun spillerne tilbød stadig to til en.

Tutti ammiravano la corporatura di Buck, ma il carico sembrava troppo pesante.

Alle beundrede Bucks bygning, men lasten så for stor ud.

Venti sacchi di farina, ciascuno del peso di cinquanta libbre, sembravano decisamente troppi.

Tyve sække mel – hver på halvtreds pund – virkede alt for meget.

Nessuno era disposto ad aprire la borsa e a rischiare i propri soldi.

Ingen var villige til at åbne deres pung og risikere deres penge.

Thornton si inginocchiò accanto a Buck e gli prese la testa tra entrambe le mani.

Thornton knælede ved siden af Buck og tog hans hoved i begge hænder.

Premette la guancia contro quella di Buck e gli parlò all'orecchio.

Han pressede sin kind mod Bucks og talte i hans øre.

Non c'erano più né scossoni giocosi né insulti affettuosi sussurrati.

Der var ingen legende rysten eller hviskede kærlige fornærmelser nu.

Mormorò solo dolcemente: "Quanto mi ami, Buck."

Han mumlede kun sagte: "Lige så meget som du elsker mig, Buck."

Buck emise un gemito sommesso, trattenendo a stento la sua impazienza.

Buck udstødte et stille klynk, hans iver knap nok behersket.

Gli astanti osservavano con curiosità la tensione che aleggiava nell'aria.

Tilskuerne så med nysgerrighed på, mens spændingen fyldte luften.

Quel momento sembrava quasi irreale, qualcosa che trascendeva la ragione.

Øjeblikket føltes næsten uvirkeligt, som noget hinsides al fornuft.

Quando Thornton si alzò, Buck gli prese delicatamente la mano tra le fauci.

Da Thornton rejste sig, tog Buck blidt hans hånd mellem kæberne.

Premette con i denti, poi lasciò andare lentamente e delicatamente.

Han pressede ned med tænderne, og slap derefter langsomt og forsigtigt.

Fu una risposta silenziosa d'amore, non detta, ma compresa.

Det var et stille svar af kærlighed, ikke udtalt, men forstået.

Thornton si allontanò di molto dal cane e diede il segnale.

Thornton trådte et godt stykke tilbage fra hunden og gav signalet.

"Ora, Buck", disse, e Buck rispose con calma concentrata.

"Nå, Buck," sagde han, og Buck svarede med fokuseret ro.

Buck tese le corde, poi le allentò di qualche centimetro.

Buck strammede skinnerne og løsnede dem derefter et par centimeter.

Questo era il metodo che aveva imparato; il suo modo per rompere la slitta.

Dette var den metode, han havde lært; hans måde at bryde slæden på.

"Caspita!" urlò Thornton, con voce acuta nel silenzio pesante.

"Hold da op!" råbte Thornton med skarp stemme i den tunge stilhed.

Buck si girò verso destra e si lanciò con tutto il suo peso.

Buck drejede til højre og kastede sig ud med al sin vægt.

Il gioco svanì e tutta la massa di Buck colpì le timonerie strette.

Slæbet forsvandt, og Bucks fulde masse ramte de snævre spor.

La slitta tremò e i pattini produssero un suono secco e scoppiettante.

Slæden dirrede, og mederne lavede en sprød knitrende lyd.

"Haw!" ordinò Thornton, cambiando di nuovo direzione a Buck.

„Ha!" kommanderede Thornton og ændrede Bucks retning igen.

Buck ripeté la mossa, questa volta tirando bruscamente verso sinistra.

Buck gentog bevægelsen, denne gang trak han skarpt til venstre.

La slitta scricchiolava più forte, i pattini schioccavano e si spostavano.

Slæden knitrede højere, mederne knirkede og flyttede sig.

Il pesante carico scivolò leggermente di lato sulla neve ghiacciata.

Den tunge last gled let sidelæns hen over den frosne sne.

La slitta si era liberata dalla presa del sentiero ghiacciato!

Slæden var løsrevet fra den isglatte stis greb!

Gli uomini trattennero il respiro, inconsapevoli di non stare nemmeno respirando.

Mændene holdt vejret, uvidende om at de slet ikke trak vejret.

"Ora, TIRA!" gridò Thornton nel silenzio glaciale.

"Nu, TRÆK!" råbte Thornton gennem den frosne stilhed.

Il comando di Thornton risuonò netto, come lo schiocco di una frusta.

Thorntons kommando rungede skarpt, som lyden af en piske.

Buck si lanciò in avanti con un affondo violento e violento.

Buck kastede sig fremad med et voldsomt og rystende udfald.

Tutto il suo corpo si irrigidì e si contrasse sotto l'enorme sforzo.

Hele hans krop spændtes og sammenkrøbledes på grund af den massive belastning.

I muscoli si muovevano sotto la pelliccia come serpenti che prendevano vita.

Musklerne bølgede under hans pels som slanger, der kom til live.

Il suo grande petto era basso e la testa era protesa in avanti verso la slitta.

Hans store brystkasse var lav, hovedet strakt frem mod slæden.

Le sue zampe si muovevano come fulmini e gli artigli fendevano il terreno ghiacciato.

Hans poter bevægede sig som lyn, kløer skar den frosne jord.

I solchi erano profondi mentre lottava per ogni centimetro di trazione.

Der blev skåret dybt i sporene, mens han kæmpede for hver en centimeter af trækkraft.

La slitta ondeggiò, tremò e cominciò a muoversi lentamente e in modo inquieto.

Slæden rokkede, dirrede og begyndte en langsom, urolig bevægelse.

Un piede scivolò e un uomo tra la folla gemette ad alta voce.

Den ene fod gled, og en mand i mængden stønnede højt.

Poi la slitta si lanciò in avanti con un movimento brusco e a scatti.

Så kastede slæden sig fremad i en rykkende, ru bevægelse.

Non si fermò più: mezzo pollice...un pollice...cinque pollici in più.

Den stoppede ikke igen – en halv tomme ... en tomme ... to tommer mere.

Gli scossoni si fecero più lievi man mano che la slitta cominciava ad acquistare velocità.

Rykkene blev mindre, efterhånden som slæden begyndte at tage fart.

Presto Buck cominciò a tirare con una potenza fluida e uniforme.

Snart trak Buck med jævn, jævn rullekraft.

Gli uomini sussultarono e finalmente si ricordarono di respirare di nuovo.

Mændene gispede og huskede endelig at trække vejret igen.

Non si erano accorti che il loro respiro si era fermato per lo stupore.

De havde ikke bemærket, at deres åndedræt var holdt op i ærefrygt.

Thornton gli corse dietro, gridando comandi brevi e allegri.

Thornton løb bagved og råbte korte, muntre kommandoer.

Davanti a noi c'era una catasta di legna da ardere che segnava la distanza.

Forude lå en stak brænde, der markerede afstanden.

Mentre Buck si avvicinava al mucchio, gli applausi diventavano sempre più forti.

Efterhånden som Buck nærmede sig bunken, blev jubelråbene højere og højere.

Gli applausi crebbero fino a diventare un boato quando Buck superò il traguardo.

Jubelråbene voksede til et brøl, da Buck passerede slutpunktet.

Gli uomini saltarono e gridarono, perfino Matthewson sorrise.

Mænd hoppede og råbte, selv Matthewson brød ud i et smil.

I cappelli volavano in aria e i guanti venivano lanciati senza pensarci o mirare.

Hatte fløj op i luften, vanter blev kastet uden tanke eller sigte.

Gli uomini si afferrarono e si strinsero la mano senza sapere chi.

Mændene greb fat i hinanden og gav hånd uden at vide hvem.

Tutta la folla era in delirio, in un tripudio di gioia e di entusiasmo.

Hele mængden summede af vild, glædelig jubel.

Thornton cadde in ginocchio accanto a Buck con le mani tremanti.

Thornton faldt på knæ ved siden af Buck med rystende hænder.

Premette la testa contro quella di Buck e lo scosse delicatamente avanti e indietro.

Han pressede sit hoved mod Bucks og rystede ham blidt frem og tilbage.

Chi si avvicinava lo sentiva maledire il cane con amore silenzioso.

De, der nærmede sig, hørte ham forbande hunden med stille kærlighed.

Imprecò a lungo contro Buck, con dolcezza, calore, emozione.

Han bandede længe ad Buck – sagte, varmt og følelsesladet.

"Bene, signore! Bene, signore!" esclamò di corsa il re della panchina di Skookum.

"Godt, hr.! Godt, hr.!" udbrød Skookum-bænkens konge i en fart.

"Le darò mille, anzi milleduecento, per quel cane, signore!"

"Jeg giver Dem tusind – nej, tolv hundrede – for den hund, hr.!"

Thornton si alzò lentamente in piedi, con gli occhi brillanti di emozione.

Thornton rejste sig langsomt, hans øjne strålede af følelser.

Le lacrime gli rigavano le guance senza alcuna vergogna.

Tårer strømmede åbenlyst ned ad hans kinder uden nogen skam.

"Signore", disse al re della panchina di Skookum, con fermezza e fermezza

"Herre," sagde han til kongen af Skookum-bænken, rolig og fast

"No, signore. Può andare all'inferno, signore. Questa è la mia risposta definitiva."

"Nej, hr. De kan gå ad helvede til, hr. Det er mit endelige svar."

Buck afferrò delicatamente la mano di Thornton tra le sue forti mascelle.

Buck greb forsigtigt Thorntons hånd med sine stærke kæber.

Thornton lo scosse scherzosamente; il loro legame era più profondo che mai.

Thornton rystede ham legende, deres bånd var så dybt som altid.

La folla, commossa dal momento, fece un passo indietro in silenzio.

Publikum, bevæget af øjeblikket, trådte tilbage i stilhed.

Da quel momento in poi nessuno osò più interrompere un affetto così sacro.

Fra da af turde ingen afbryde en sådan hellig hengivenhed.

Il suono della chiamata
Lyden af kaldet

Buck aveva guadagnato milleseicento dollari in cinque minuti.
Buck havde tjent seksten hundrede dollars på fem minutter.

Il denaro permise a John Thornton di saldare alcuni dei suoi debiti.
Pengene gjorde det muligt for John Thornton at betale noget af sin gæld af.

Con il resto del denaro si diresse verso est insieme ai suoi soci.
Med resten af pengene drog han østpå med sine partnere.

Cercarono una leggendaria miniera perduta, antica quanto il paese stesso.
De ledte efter en sagnomspunden, forsvundet mine, lige så gammel som landet selv.

Molti uomini avevano cercato la miniera, ma pochi l'avevano trovata.
Mange mænd havde ledt efter minen, men få havde nogensinde fundet den.

Molti uomini erano scomparsi durante la pericolosa ricerca.
Mere end et par mænd var forsvundet under den farlige søgen.

Questa miniera perduta era avvolta nel mistero e nella vecchia tragedia.
Denne tabte mine var indhyllet i både mystik og gammel tragedie.

Nessuno sapeva chi fosse stato il primo uomo a scoprire la miniera.
Ingen vidste, hvem den første mand, der fandt minen, havde været.

Le storie più antiche non menzionano nessuno per nome.
De ældste historier nævner ingen ved navn.

Lì c'era sempre stata una vecchia capanna fatiscente.
Der havde altid stået en gammel, faldefærdig hytte der.

I moribondi avevano giurato che vicino a quella vecchia capanna ci fosse una miniera.

Døende mænd havde svoret, at der var en mine ved siden af den gamle hytte.

Hanno dimostrato le loro storie con un oro che non ha eguali altrove.

De beviste deres historier med guld som intet andetsteds.

Nessuna anima viva aveva mai saccheggiato il tesoro da quel luogo.

Ingen levende sjæl havde nogensinde plyndret skatten fra det sted.

I morti erano morti e i morti non raccontano storie.

De døde var døde, og døde mænd fortæller ingen historier.

Così Thornton e i suoi amici si diressero verso Est.

Så drog Thornton og hans venner mod øst.

Si unirono a noi Pete e Hans, portando con sé Buck e sei cani robusti.

Pete og Hans sluttede sig til, og medbragte Buck og seks stærke hunde.

Si avviarono lungo un sentiero sconosciuto dove altri avevano fallito.

De begav sig ud ad en ukendt sti, hvor andre havde fejlet.

Percorsero in slitta settanta miglia lungo il fiume Yukon ghiacciato.

De kælkede halvfems kilometer op ad den frosne Yukon-flod.

Girarono a sinistra e seguirono il sentiero verso lo Stewart.

De drejede til venstre og fulgte stien ind i Stewart-floden.

Superarono il Mayo e il McQuestion e proseguirono oltre.

De passerede Mayo og McQuestion og fortsatte videre.

Lo Stewart si restringeva fino a diventare un ruscello, infilandosi tra cime frastagliate.

Stewart-floden skrumpede ind i en strøm og trådte sig langs takkede tinder.

Queste vette aguzze rappresentavano la spina dorsale del continente.

Disse skarpe tinder markerede selve kontinentets rygsøjle.

John Thornton pretendeva poco dagli uomini e dalla terra selvaggia.

John Thornton krævede ikke meget af mændene eller det vilde land.

Non temeva nulla della natura e affrontava la natura selvaggia con disinvoltura.

Han frygtede intet i naturen og mødte vildmarken med lethed.

Con solo del sale e un fucile poteva viaggiare dove voleva.

Med kun salt og en riffel kunne han rejse, hvorhen han ville.

Come gli indigeni, durante il viaggio cacciava per procurarsi il cibo.

Ligesom de indfødte jagtede han mad, mens han rejste.

Se non prendeva nulla, continuava ad andare avanti, confidando nella fortuna che lo attendeva.

Hvis han ikke fangede noget, fortsatte han og stolede på heldet.

Durante questo lungo viaggio, la carne era l'alimento principale di cui si nutrivano.

På denne lange rejse var kød det vigtigste, de spiste.

La slitta trasportava attrezzi e munizioni, ma non c'era un orario preciso.

Slæden indeholdt værktøj og ammunition, men ingen fast tidsplan.

Buck amava questo vagabondare, la caccia e la pesca senza fine.

Buck elskede denne vandring; den endeløse jagt og fiskeri.

Per settimane viaggiarono senza sosta, giorno dopo giorno.

I ugevis rejste de dag efter dag.

Altre volte si accampavano e restavano fermi per settimane.

Andre gange slog de lejre og blev stille i ugevis.

I cani riposarono mentre gli uomini scavavano nel terreno ghiacciato.

Hundene hvilede sig, mens mændene gravede gennem den frosne jord.

Scaldavano le padelle sul fuoco e cercavano l'oro nascosto.

De varmede pander over bål og ledte efter skjult guld.

C'erano giorni in cui pativano la fame, altri in cui banchettavano.

Nogle dage sultede de, og andre dage holdt de fester.

Il loro pasto dipendeva dalla selvaggina e dalla fortuna della caccia.

Deres måltider afhang af vildtet og jagtens held.

Con l'arrivo dell'estate, uomini e cani caricavano carichi sulle spalle.

Da sommeren kom, pakket mænd og hunde byrder på ryggen.

Fecero rafting sui laghi azzurri nascosti nelle foreste di montagna.

De sejlede med rafting over blå søer gemt i bjergskove.

Navigavano su imbarcazioni sottili su fiumi che nessun uomo aveva mai mappato.

De sejlede slanke både på floder, som intet menneske nogensinde havde kortlagt.

Quelle barche venivano costruite con gli alberi che avevano segato in natura.

Disse både blev bygget af træer, de savede i naturen.

Passarono i mesi e loro viaggiarono attraverso terre selvagge e sconosciute.

Månederne gik, og de snoede sig gennem de vilde, ukendte lande.

Non c'erano uomini lì, ma vecchie tracce lasciavano intendere che alcuni di loro fossero presenti.

Der var ingen mænd der, men gamle spor antydede, at der havde været mænd.

Se la Capanna Perduta fosse esistita davvero, allora altre persone in passato erano passate da lì.

Hvis Den Forsvundne Hytte var virkelig, så var andre engang kommet denne vej.

Attraversavano passi alti durante le bufere di neve, anche d'estate.

De krydsede høje pas i snestorme, selv om sommeren.

Rabbrividivano sotto il sole di mezzanotte sui pendii brulli delle montagne.

De rystede under midnatssolen på bare bjergskråninger.

Tra il limite degli alberi e i campi di neve, salivano lentamente.

Mellem trægrænsen og snemarkerne klatrede de langsomt.

Nelle valli calde, scacciavano nuvole di moscerini e mosche.

I varme dale slog de efter skyer af myg og fluer.

Raccolsero bacche dolci vicino ai ghiacciai nel pieno della fioritura estiva.

De plukkede søde bær nær gletsjere i fuldt sommerblomst.

I fiori che trovarono erano belli quanto quelli del Southland.

Blomsterne, de fandt, var lige så smukke som dem i Sydlandet.

Quell'autunno giunsero in una regione solitaria piena di laghi silenziosi.

Det efterår nåede de et ensomt område fyldt med stille søer.

La terra era triste e vuota, un tempo brulicava di uccelli e animali.

Landet var trist og tomt, engang levende med fugle og dyr.

Ora non c'era più vita, solo il vento e il ghiaccio che si formava nelle pozze.

Nu var der intet liv, kun vinden og isen, der dannede sig i vandhuller.

Le onde lambivano le rive deserte con un suono dolce e lugubre.

Bølger skvulpede mod tomme kyster med en blød, sørgmodig lyd.

Arrivò un altro inverno e loro seguirono di nuovo deboli e vecchi sentieri.

Endnu en vinter kom, og de fulgte igen svage, gamle stier.

Erano le tracce di uomini che avevano cercato molto prima di loro.

Dette var sporene fra mænd, der havde ledt længe før dem.

Una volta trovarono un sentiero che si inoltrava nel profondo della foresta oscura.

Engang fandt de en sti, der var hugget dybt ind i den mørke skov.

Era un vecchio sentiero e sentivano che la baita perduta era vicina.

Det var en gammel sti, og de følte, at den forsvundne hytte var tæt på.

Ma il sentiero non portava da nessuna parte e si perdeva nel fitto del bosco.

Men stien førte ingen steder hen og forsvandt ind i den tætte skov.

Nessuno sapeva chi avesse tracciato il sentiero e perché lo avesse fatto.

Hvem der end lavede stien, og hvorfor de lavede den, vidste ingen.

Più tardi trovarono i resti di una capanna nascosta tra gli alberi.

Senere fandt de vraget af en hytte gemt blandt træerne.

Coperte marce erano sparse dove un tempo qualcuno aveva dormito.

Rådnende tæpper lå spredt, hvor nogen engang havde sovet.

John Thornton trovò sepolto all'interno un fucile a pietra focaia a canna lunga.

John Thornton fandt en flintlås med lang løb begravet indeni.

Sapeva fin dai primi tempi che si trattava di un cannone della Hudson Bay.

Han vidste, at dette var en Hudson Bay-kanon fra de tidlige handelsdage.

A quei tempi, tali armi venivano barattate con pile di pelli di castoro.

Dengang blev sådanne kanoner byttet for stakke af bæverskind.

Questo era tutto: non rimaneva alcuna traccia dell'uomo che aveva costruito la loggia.

Det var alt – der var intet spor tilbage af manden, der havde bygget hytten.

Arrivò di nuovo la primavera e non trovarono traccia della Capanna Perduta.

Foråret kom igen, og de fandt intet tegn på den forsvundne hytte.

Invece trovarono un'ampia valle con un ruscello poco profondo.

I stedet fandt de en bred dal med en lavvandet bæk.

L'oro si stendeva sul fondo della pentola come burro giallo e liscio.

Guld lå på tværs af pandebundene som glat, gult smør.

Si fermarono lì e non cercarono oltre la cabina.

De stoppede der og ledte ikke længere efter hytten.

Ogni giorno lavoravano e ne trovavano migliaia di pezzi in polvere d'oro.

Hver dag arbejdede de og fandt tusindvis i guldstøv.

Confezionarono l'oro in sacchi di pelle di alce, da cinquanta libbre ciascuno.

De pakkede guldet i sække med elgskind, halvtreds pund hver.

I sacchi erano accatastati come legna da ardere fuori dal loro piccolo rifugio.

Taskerne var stablet som brænde uden for deres lille hytte.

Lavoravano come giganti e i giorni trascorrevano veloci come sogni.

De arbejdede som kæmper, og dagene gik som hurtige drømme.

Accumularono tesori mentre gli infiniti giorni trascorrevano rapidamente.

De samlede skatte, mens de endeløse dage gik hurtigt forbi.

I cani avevano ben poco da fare, se non trasportare la carne di tanto in tanto.

Der var ikke meget for hundene at lave udover at slæbe kød i ny og næ.

Thornton cacciò e uccise la selvaggina, mentre Buck si sdraiò accanto al fuoco.

Thornton jagede og dræbte vildtet, og Buck lå ved bålet.

Trascorse lunghe ore in silenzio, perso nei pensieri e nei ricordi.

Han tilbragte lange timer i stilhed, fortabt i tanker og erindring.

L'immagine dell'uomo peloso tornava sempre più spesso alla mente di Buck.

Billedet af den behårede mand kom oftere ind i Bucks sind.

Ora che il lavoro scarseggiava, Buck sognava mentre sbatteva le palpebre verso il fuoco.

Nu hvor arbejdet var knapt, drømte Buck, mens han blinkede mod ilden.

In quei sogni, Buck vagava con l'uomo in un altro mondo.

I disse drømme vandrede Buck med manden i en anden verden.

La paura sembrava il sentimento più forte in quel mondo lontano.

Frygt syntes at være den stærkeste følelse i den fjerne verden.

Buck vide l'uomo peloso dormire con la testa bassa.

Buck så den behårede mand sove med bøjet hoved.

Aveva le mani giunte e il suo sonno era agitato e interrotto.

Hans hænder var foldede, og hans søvn var urolig og afbrudt.

Si svegliava di soprassalto e fissava il buio con timore.

Han plejede at vågne med et sæt og stirre frygtsomt ud i mørket.

Poi aggiungeva altra legna al fuoco per mantenere viva la fiamma.

Så kastede han mere brænde på bålet for at holde flammen lys.

A volte camminavano lungo una spiaggia in riva a un mare grigio e infinito.

Nogle gange gik de langs en strand ved et gråt, endeløst hav.

L'uomo peloso raccolse i frutti di mare e li mangiò mentre camminava.

Den behårede mand plukkede skaldyr og spiste dem, mens han gik.

I suoi occhi cercavano sempre pericoli nascosti nell'ombra.

Hans øjne søgte altid efter skjulte farer i skyggerne.

Le sue gambe erano sempre pronte a scattare al primo segno di minaccia.

Hans ben var altid klar til at spurte ved det første tegn på trussel.

Avanzavano furtivamente nella foresta, silenziosi e cauti, uno accanto all'altro.

De sneg sig gennem skoven, tavse og vagtsomme, side om side.

Buck lo seguì alle calcagna, ed entrambi rimasero all'erta.

Buck fulgte efter ham, og de forblev begge årvågne.

Le loro orecchie si muovevano e si contraevano, i loro nasi fiutavano l'aria.

Deres ører dirrede og bevægede sig, deres næser snusede i luften.

L'uomo riusciva a sentire e ad annusare la foresta in modo altrettanto acuto quanto Buck.

Manden kunne høre og lugte skoven lige så skarpt som Buck.

L'uomo peloso si lanciò tra gli alberi a velocità improvvisa.

Den behårede mand svingede sig gennem træerne med pludselig fart.

Saltava da un ramo all'altro senza mai perdere la presa.

Han sprang fra gren til gren uden at miste grebet.

Si muoveva con la stessa rapidità con cui si muoveva sopra e sopra il terreno.

Han bevægede sig lige så hurtigt over jorden, som han gjorde på den.

Buck ricordava le lunghe notti passate sotto gli alberi a fare la guardia.

Buck huskede de lange nætter under træerne, hvor han holdt vagt.

L'uomo dormiva appollaiato sui rami, aggrappandosi forte.

Manden sov og hvilede i grenene og klamrede sig fast til den.

Questa visione dell'uomo peloso era strettamente legata al richiamo profondo.

Denne vision af den behårede mand var tæt knyttet til det dybe kald.

Il richiamo risuonava ancora nella foresta con una forza inquietante.

Kaldet lød stadig gennem skoven med hjemsøgende kraft.

La chiamata riempì Buck di desiderio e di un inquieto senso di gioia.

Opkaldet fyldte Buck med længsel og en rastløs følelse af glæde.

Sentì strani impulsi e stimoli a cui non riusciva a dare un nome.

Han følte mærkelige drifter og bevægelser, som han ikke kunne navngive.

A volte seguiva la chiamata inoltrandosi nel silenzio dei boschi.

Nogle gange fulgte han kaldet dybt ind i den stille skov.

Cercava il richiamo, abbaiando piano o bruscamente mentre camminava.

Han ledte efter kaldet, gøende sagte eller skarpt, mens han gik.

Annusò il muschio e il terreno nero dove cresceva l'erba.

Han snusede til mosset og den sorte jord, hvor græsserne voksede.

Sbuffò di piacere sentendo i ricchi odori della terra profonda.

Han fnøs af fryd over de fyldige dufte fra den dybe jord.

Rimase accovacciato per ore dietro i tronchi ricoperti di funghi.

Han krøb sammen i timevis bag stammer dækket af svamp.

Rimase immobile, ascoltando con gli occhi sgranati ogni minimo rumore.

Han blev stående stille og lyttede med vidtåbne øjne til hver eneste lille lyd.

Forse sperava di sorprendere la cosa che aveva emesso la chiamata.

Han håbede måske at overraske den ting, der kaldte.

Non sapeva perché si comportava in quel modo: lo faceva e basta.

Han vidste ikke, hvorfor han opførte sig sådan – han gjorde det simpelthen.

Questi impulsi provenivano dal profondo, al di là del pensiero o della ragione.

Trangen kom dybt indefra, hinsides tanke eller fornuft.

Buck fu colto da impulsi irresistibili, senza preavviso o motivo.

Uimodståelige lyster greb Buck uden varsel eller grund.

A volte sonnecchiava pigramente nell'accampamento, sotto il caldo di mezzogiorno.

Til tider døsede han dovent i lejren i middagsheden.

All'improvviso sollevò la testa e le sue orecchie si drizzarono in allerta.

Pludselig løftede han hovedet, og hans ører skød vagtsomt op.

Poi balzò in piedi e si lanciò nella natura selvaggia senza fermarsi.

Så sprang han op og styrtede ud i vildmarken uden at tøve.

Corse per ore attraverso sentieri forestali e spazi aperti.

Han løb i timevis gennem skovstier og åbne vidder.

Amava seguire i letti asciutti dei torrenti e spiare gli uccelli sugli alberi.

Han elskede at følge tørre bæklejer og spionere på fugle i træerne.

Poteva restare nascosto tutto il giorno, osservando le pernici che si pavoneggiavano in giro.

Han kunne ligge gemt hele dagen og se agerhønsene spankulere rundt.

Suonavano i tamburi e marciavano, ignari della presenza immobile di Buck.

De trommet og marcherede, uvidende om Bucks stadige tilstedeværelse.

Ma ciò che amava di più era correre al crepuscolo estivo.

Men det han elskede mest var at løbe i skumringen om sommeren.

La luce fioca e i suoni assonnati della foresta lo riempivano di gioia.

Det svage lys og de søvnige skovlyde fyldte ham med glæde.

Leggeva i cartelli della foresta con la stessa chiarezza con cui un uomo legge un libro.

Han læste skovens tegn lige så tydeligt, som en mand læser en bog.

E cercava sempre la strana cosa che lo chiamava.

Og han ledte altid efter den mærkelige ting, der kaldte på ham.

Quella chiamata non si è mai fermata: lo raggiungeva sia da sveglio che nel sonno.

Det kald holdt aldrig op – det nåede ham, uanset om han var vågen eller sovende.

Una notte si svegliò di soprassalto, con gli occhi acuti e le orecchie tese.

En nat vågnede han med et sæt, med skarpe øjne og høje ører.

Le sue narici si contrassero mentre la sua criniera si rizzava in onde.

Hans næsebor dirrede, mens hans manke stod og strittede i bølger.

Dal profondo della foresta giunse di nuovo quel suono, il vecchio richiamo.

Fra dybt inde i skoven kom lyden igen, det gamle kald.

Questa volta il suono risuonò chiaro, un ululato lungo, inquietante e familiare.

Denne gang lød lyden tydeligt, et langt, uhyggeligt, velkendt hyl.

Era come il verso di un husky, ma dal tono strano e selvaggio.

Det var som en huskys skrig, men mærkelig og vild i tonen.

Buck riconobbe subito quel suono: lo aveva già sentito molto tempo prima.

Buck genkendte lyden med det samme – han havde hørt den præcise lyd for længe siden.

Attraversò con un balzo l'accampamento e scomparve rapidamente nel bosco.

Han sprang gennem lejren og forsvandt hurtigt ind i skoven.

Avvicinandosi al suono, rallentò e si mosse con cautela.

Da han nærmede sig lyden, sænkede han farten og bevægede sig forsigtigt.

Presto raggiunse una radura tra fitti pini.

Snart nåede han en lysning mellem tætte fyrretræer.

Lì, ritto sulle zampe posteriori, sedeva un lupo grigio alto e magro.

Der, oprejst på hug, sad en høj, mager skovulv.

Il naso del lupo puntava verso il cielo, continuando a riecheggiare il richiamo.

Ulvens snude pegede mod himlen og gentog stadig kaldet.

Buck non aveva emesso alcun suono, eppure il lupo si fermò e ascoltò.

Buck havde ikke sagt nogen lyd, men ulven stoppede og lyttede.

Percependo qualcosa, il lupo si irrigidì e scrutò l'oscurità.

Ulven fornemmede noget, spændte sig op og ledte i mørket.

Buck si fece avanti furtivamente, con il corpo basso e i piedi ben appoggiati al terreno.

Buck sneg sig til syne med lav krop og fødderne rolige på jorden.

La sua coda era dritta e il suo corpo era teso e teso.

Hans hale var lige, hans krop stramt sammenrullet af spænding.

Manifestava sia un atteggiamento minaccioso che una sorta di rude amicizia.

Han viste både trussel og en slags hårdt venskab.

Era il saluto cauto tipico delle bestie selvatiche.

Det var den forsigtige hilsen, som vilde dyr delte.

Ma il lupo si voltò e fuggì non appena vide Buck.

Men ulven vendte sig om og flygtede, så snart den så Buck.

Buck si lanciò all'inseguimento, saltando selvaggiamente, desideroso di raggiungerlo.

Buck satte efter den, sprang vildt, ivrig efter at indhente den.

Seguì il lupo in un ruscello secco bloccato da un ingorgo di tronchi.

Han fulgte ulven ind i en tør bæk, der var blokeret af en tømmerprop.

Messo alle strette, il lupo si voltò e rimase fermo.

Indespærret snurrede ulven rundt og stod fast.

Il lupo ringhiò e schioccò i denti come un husky intrappolato in una rissa.

Ulven knurrede og snappede som en fanget husky hund i et slagsmål.

I denti del lupo schioccarono rapidamente e il suo corpo si irrigidì per la furia selvaggia.

Ulvens tænder klikkede hurtigt, dens krop strittede af vild raseri.

Buck non attaccò, ma girò intorno al lupo con attenta cordialità.

Buck angreb ikke, men gik omkredset omkring ulven med omhyggelig venlighed.

Cercò di bloccargli la fuga con movimenti lenti e innocui.

Han forsøgte at blokere sin flugt med langsomme, harmløse bevægelser.

Il lupo era cauto e spaventato: Buck lo superava di peso tre volte.

Ulven var vagtsom og bange – Buck var tre gange stærkere end ham.

La testa del lupo arrivava a malapena all'altezza della spalla massiccia di Buck.

Ulvens hoved nåede knap nok op til Bucks massive skulder.

Il lupo, attento a individuare un varco, si lanciò e l'inseguimento ricominciò.

Ulven spejdede efter et hul, flygtede, og jagten begyndte igen.

Buck lo mise alle strette più volte e la danza si ripeté.

Flere gange trængte Buck ham op i et hjørne, og dansen gentog sig.

Il lupo era magro e debole, altrimenti Buck non avrebbe potuto catturarlo.

Ulven var tynd og svag, ellers kunne Buck ikke have fanget ham.

Ogni volta che Buck si avvicinava, il lupo si girava di scatto e lo affrontava spaventato.

Hver gang Buck kom tættere på, snurrede ulven rundt og vendte sig mod ham i frygt.

Poi, alla prima occasione, si precipitò di nuovo nel bosco.

Så ved første chance skyndte han sig ind i skoven igen.

Ma Buck non si arrese e alla fine il lupo imparò a fidarsi di lui.

Men Buck gav ikke op, og endelig kom ulven til at stole på ham.

Annusò il naso di Buck e i due diventarono giocosi e attenti.

Han snøftede Bucks næse, og de to blev legesyge og årvågne.

Giocavano come animali selvaggi, feroci ma timidi nella loro gioia.

De legede som vilde dyr, vilde, men generte i deres glæde.

Dopo un po' il lupo trotterellò via con calma e decisione.

Efter et stykke tid travede ulven afsted med roligt og beslutsomt mål.

Dimostrò chiaramente a Buck che intendeva essere seguito.

Han viste tydeligt Buck, at han ville følges efter.

Correvano fianco a fianco nel buio della sera.

De løb side om side gennem tusmørket.

Seguirono il letto del torrente fino alla gola rocciosa.

De fulgte åens leje op i den klippefyldte kløft.

Attraversarono un freddo spartiacque nel punto in cui aveva avuto origine il fiume.

De krydsede en kold kløft, hvor strømmen var begyndt.

Sul pendio più lontano trovarono un'ampia foresta e molti corsi d'acqua.

På den fjerne skråning fandt de en vidtstrakt skov og mange vandløb.

Corsero per ore senza fermarsi attraverso quella terra immensa.

Gennem dette vidtstrakte land løb de i timevis uden at stoppe.

Il sole saliva sempre più alto, l'aria si faceva calda, ma loro continuavano a correre.

Solen stod højere op, luften blev varm, men de løb videre.

Buck era pieno di gioia: sapeva di aver risposto alla sua chiamata.

Buck var fyldt med glæde – han vidste, at han besvarede sit kald.

Corse accanto al fratello della foresta, più vicino alla fonte della chiamata.

Han løb ved siden af sin skovbror, tættere på kaldet.

I vecchi sentimenti ritornano, potenti e difficili da ignorare.

Gamle følelser vendte tilbage, stærke og svære at ignorere.

Queste erano le verità nascoste nei ricordi dei suoi sogni.

Dette var sandhederne bag minderne fra hans drømme.

Tutto questo lo aveva già fatto in un mondo lontano e oscuro.

Han havde gjort alt dette før i en fjern og skyggefuld verden.

Questa volta lo fece di nuovo, scatenandosi con il cielo aperto sopra di lui.

Nu gjorde han det igen, løb vild med den åbne himmel ovenover.

Si fermarono presso un ruscello per bere l'acqua fredda che scorreva.

De stoppede ved en bæk for at drikke af det kolde, strømmende vand.

Mentre beveva, Buck si ricordò improvvisamente di John Thornton.

Mens han drak, huskede Buck pludselig John Thornton.

Si sedette in silenzio, lacerato dal sentimento di lealtà e dalla chiamata.

Han satte sig ned i stilhed, splittet af loyalitetens og kaldelsens tiltrækningskraft.

Il lupo continuò a trottare, ma tornò indietro per incitare Buck ad andare avanti.

Ulven travede videre, men kom tilbage for at anspore Buck frem.

Gli annusò il naso e cercò di convincerlo con gesti gentili.

Han snøftede til næsen og forsøgte at lokke ham med blide gestus.

Ma Buck si voltò e riprese a tornare indietro per la strada da cui era venuto.

Men Buck vendte sig om og begyndte at gå tilbage den vej, han kom fra.

Il lupo gli corse accanto per molto tempo, guaindo piano.

Ulven løb ved siden af ham i lang tid og klynkede stille.

Poi si sedette, alzò il naso ed emise un lungo ululato.

Så satte han sig ned, løftede næsen og udstødte et langt hyl.

Era un grido lugubre, che si addolcì mentre Buck si allontanava.

Det var et sørgmodigt skrig, der blev blødere, da Buck gik væk.

Buck ascoltò mentre il suono del grido svaniva lentamente nel silenzio della foresta.

Buck lyttede, mens lyden af råbet langsomt forsvandt ind i skovens stilhed.

John Thornton stava cenando quando Buck irruppe nell'accampamento.

John Thornton spiste aftensmad, da Buck brasede ind i lejren.

Buck gli saltò addosso selvaggiamente, leccandolo, mordendolo e facendolo rotolare.

Buck sprang vildt på ham, slikkede, bed og væltede ham.

Lo fece cadere, gli saltò sopra e gli baciò il viso.

Han væltede ham omkuld, kravlede ovenpå og kyssede ham i ansigtet.

Thornton lo definì con affetto "fare il buffone".

Thornton kaldte dette at "spille den generelle nar" med hengivenhed.

Nel frattempo, imprecava dolcemente contro Buck e lo scuoteva avanti e indietro.

Hele tiden forbandede han blidt Buck og rystede ham frem og tilbage.

Per due interi giorni e due notti, Buck non lasciò l'accampamento nemmeno una volta.

I to hele dage og nætter forlod Buck ikke lejren én eneste gang.

Si teneva vicino a Thornton e non lo perdeva mai di vista.

Han holdt sig tæt til Thornton og lod ham aldrig ud af syne.

Lo seguiva mentre lavorava e lo osservava mentre mangiava.

Han fulgte ham, mens han arbejdede, og holdt øje med ham, mens han spiste.

Di notte vedeva Thornton avvolto nelle sue coperte e ogni mattina lo vedeva uscire.

Han så Thornton ned i sine tæpper om natten og ude hver morgen.

Ma presto il richiamo della foresta ritornò, più forte che mai.

Men snart vendte skovens kalden tilbage, højere end nogensinde før.

Buck si sentì di nuovo irrequieto, agitato dal pensiero del lupo selvatico.

Buck blev rastløs igen, oprørt af tanker om den vilde ulv.

Ricordava la terra aperta e le corse fianco a fianco.

Han huskede det åbne land og det at løbe side om side.

Ricominciò a vagare nella foresta, solo e vigile.

Han begyndte at vandre ind i skoven endnu engang, alene og årvågen.

Ma il fratello selvaggio non tornò e l'ululato non fu udito.

Men den vilde bror vendte ikke tilbage, og hylet blev ikke hørt.

Buck cominciò a dormire all'aperto, restando lontano anche per giorni interi.

Buck begyndte at sove udenfor og blev væk i dagevis.

Una volta attraversò l'alto spartiacque dove aveva origine il torrente.

Engang krydsede han den høje kløft, hvor bækken var startet.

Entrò nella terra degli alberi scuri e dei grandi corsi d'acqua.

Han kom ind i landet med mørkt træ og brede, strømmende vandløb.

Vagò per una settimana alla ricerca di tracce del fratello selvaggio.

I en uge strejfede han rundt og ledte efter tegn på den vilde bror.

Uccideva la propria carne e viaggiava a passi lunghi e instancabili.

Han dræbte sit eget kød og rejste med lange, utrættelige skridt.

Pescò salmoni in un ampio fiume che arrivava fino al mare.

Han fiskede efter laks i en bred flod, der nåede ud til havet.

Lì lottò e uccise un orso nero reso pazzo dagli insetti.

Der kæmpede han mod og dræbte en sort bjørn, der var vanvittig af insekter.

L'orso stava pescando e corse alla cieca tra gli alberi.

Bjørnen havde været ude at fiske og løb i blinde gennem træerne.

La battaglia fu feroce e risvegliò il profondo spirito combattivo di Buck.

Kampen var hård og vækkede Bucks dybe kampgejst.

Due giorni dopo, Buck tornò e trovò dei ghiottoni nei pressi della sua preda.

To dage senere vendte Buck tilbage og fandt jerv ved sit byg.

Una dozzina di loro litigarono furiosamente e rumorosamente per la carne.

Et dusin af dem skændtes om kødet i larmende raseri.

Buck caricò e li disperse come foglie al vento.

Buck angreb og spredte dem som blade i vinden.

Due lupi rimasero indietro: silenziosi, senza vita e immobili per sempre.

To ulve blev tilbage – tavse, livløse og ubevægelige for evigt.

La sete di sangue divenne più forte che mai.

Tørsten efter blod blev stærkere end nogensinde.

Buck era un cacciatore, un assassino, che si nutriva di creature viventi.

Buck var en jæger, en morder, der levede af levende væsner.

Sopravvisse da solo, affidandosi alla sua forza e ai suoi sensi acuti.

Han overlevede alene, idet han stolede på sin styrke og skarpe sanser.

Prosperava nella natura selvaggia, dove solo i più forti potevano sopravvivere.

Han trivedes i naturen, hvor kun de mest seje kunne leve.

Da ciò nacque un grande orgoglio che riempì tutto l'essere di Buck.

Fra dette rejste en stor stolthed sig og fyldte hele Bucks væsen.

Il suo orgoglio traspariva da ogni passo, dal fremito di ogni muscolo.

Hans stolthed viste sig i hvert eneste skridt, i bølgen i hver en muskel.

Il suo orgoglio era evidente, come si vedeva dal suo comportamento.

Hans stolthed var lige så tydelig som tale, hvilket fremgik af, hvordan han opførte sig.

Persino il suo spesso mantello appariva più maestoso e splendeva di più.

Selv hans tykke pels så mere majestætisk ud og glimtede klarere.

Buck avrebbe potuto essere scambiato per un lupo grigio gigante.

Buck kunne være blevet forvekslet med en kæmpe skovulv.

A parte il marrone sul muso e le macchie sopra gli occhi.

Bortset fra brunt på snuden og pletter over øjnene.

E la striscia bianca di pelo che gli correva lungo il centro del petto.

Og den hvide pelsstribe, der løb ned langs midten af hans bryst.

Era addirittura più grande del più grande lupo di quella feroce razza.

Han var endda større end den største ulv af den vilde race.

Suo padre, un San Bernardo, gli ha trasmesso la stazza e la corporatura robusta.

Hans far, en sanktbernhardshund, gav ham størrelse og en tung kropsbygning.

Sua madre, una pastorella, plasmò quella mole conferendole la forma di un lupo.

Hans mor, en hyrde, formede den masse til en ulvelignende form.

Aveva il muso lungo di un lupo, anche se più pesante e largo.

Han havde en ulvs lange snude, dog tungere og bredere.

La sua testa era quella di un lupo, ma di dimensioni enormi e maestose.

Hans hoved var en ulves, men bygget i en massiv, majestætisk skala.

L'astuzia di Buck era l'astuzia del lupo e della natura selvaggia.

Bucks snuhed var ulvens og vildmarkens snuhed.

La sua intelligenza gli venne sia dal Pastore Tedesco che dal San Bernardo.

Hans intelligens kom fra både schæferhunden og sanktbernhardshunden.

Tutto ciò, unito alla dura esperienza, lo rese una creatura temibile.

Alt dette, plus barske erfaringer, gjorde ham til en frygtindgydende skabning.

Era formidabile quanto qualsiasi animale che vagasse nelle terre selvagge del nord.

Han var lige så frygtindgydende som ethvert andet dyr, der strejfede rundt i den nordlige vildmark.

Nutrendosi solo di carne, Buck raggiunse l'apice della sua forza.

Buck levede udelukkende af kød og nåede sit fulde højdepunkt.

Trasudava potenza e forza maschile in ogni fibra del suo corpo.

Han flød over af magt og maskulin styrke i hver en fiber af sig.

Quando Thornton gli accarezzò la schiena, i peli brillarono di energia.

Da Thornton strøg ham over ryggen, funklede hårene af energi.

Ogni capello scricchiolava, carico del tocco di un magnetismo vivente.

Hvert hår knitrede, ladet med en berøring af levende magnetisme.

Il suo corpo e il suo cervello erano sintonizzati sulla tonalità più fine possibile.

Hans krop og hjerne var indstillet til den finest mulige tonehøjde.

Ogni nervo, ogni fibra e ogni muscolo lavoravano in perfetta armonia.

Hver nerve, fiber og muskel arbejdede i perfekt harmoni.

A qualsiasi suono o visione che richiedesse un intervento, rispondeva immediatamente.

På enhver lyd eller syn, der krævede handling, reagerede han øjeblikkeligt.

Se un husky saltava per attaccare, Buck poteva saltare due volte più velocemente.

Hvis en husky sprang for at angribe, kunne Buck springe dobbelt så hurtigt.

Reagì più rapidamente di quanto gli altri potessero vedere o sentire.

Han reagerede hurtigere, end andre overhovedet kunne se eller høre.

Percezione, decisione e azione avvennero tutte in un unico, fluido istante.

Opfattelse, beslutning og handling kom alle i ét flydende øjeblik.

In realtà si tratta di atti separati, ma troppo rapidi per essere notati.

I sandhed var disse handlinger separate, men for hurtige til at blive bemærket.

Gli intervalli tra questi atti erano così brevi che sembravano uno solo.

Så korte var mellemrummene mellem disse handlinger, at de syntes som én.

I suoi muscoli e il suo essere erano come molle strettamente avvolte.

Hans muskler og væsen var som tæt sammenkrøllede fjedre.

Il suo corpo traboccava di vita, selvaggia e gioiosa nella sua potenza.

Hans krop sprudlede af liv, vild og glædesfyldt i sin kraft.

A volte aveva la sensazione che la forza stesse per esplodere completamente dentro di lui.

Til tider følte han, at kraften ville bryde fuldstændigt ud af ham.

"Non c'è mai stato un cane simile", disse Thornton un giorno tranquillo.

"Der har aldrig været sådan en hund," sagde Thornton en stille dag.

I soci osservarono Buck uscire fiero dall'accampamento.

Partnerne så Buck stolt skridte ud af lejren.

"Quando è stato creato, ha cambiato il modo in cui un cane può essere", ha detto Pete.

"Da han blev skabt, ændrede han, hvad en hund kan være," sagde Pete.

"Per Dio! Lo penso anch'io", concordò subito Hans.

"Ved Jesus! Det tror jeg selv," svarede Hans hurtigt.

Lo videro allontanarsi, ma non il cambiamento che avvenne dopo.

De så ham marchere væk, men ikke den forandring, der kom efter.

Non appena entrò nel bosco, Buck si trasformò completamente.

Så snart han kom ind i skoven, forvandlede Buck sig fuldstændigt.

Non marciava più, ma si muoveva come uno spettro selvaggio tra gli alberi.

Han marcherede ikke længere, men bevægede sig som et vildt spøgelse blandt træer.

Divenne silenzioso, come un gatto, un bagliore che attraversava le ombre.

Han blev tavs, med kattefødder, et glimt der gled gennem skyggerne.

Usava la copertura con abilità, strisciando sulla pancia come un serpente.

Han dækkede sig med dygtighed og kravlede på maven som en slange.

E come un serpente, sapeva balzare in avanti e colpire in silenzio.

Og ligesom en slange kunne han springe frem og slå til i stilhed.

Potrebbe rubare una pernice bianca direttamente dal suo nido nascosto.

Han kunne stjæle en rype direkte fra dens skjulte rede.

Uccideva i conigli addormentati senza emettere alcun suono.

Han dræbte sovende kaniner uden en eneste lyd.

Riusciva a catturare gli scoiattoli a mezz'aria anche se fuggivano troppo lentamente.

Han kunne fange jordegernene midt i luften, da de flygtede for langsomt.

Nemmeno i pesci nelle pozze riuscivano a sfuggire ai suoi attacchi improvvisi.

Selv fisk i damme kunne ikke undslippe hans pludselige angreb.

Nemmeno i furbi castori impegnati a riparare le dighe erano al sicuro da lui.

Selv ikke kloge bævere, der reparerede dæmninger, var sikre for ham.

Uccideva per nutrirsi, non per divertirsi, ma preferiva uccidere le proprie vittime.

Han dræbte for mad, ikke for sjov – men kunne bedst lide sine egne drab.

Eppure, un umorismo subdolo permeava alcune delle sue cacce silenziose.

Alligevel løb der en snedig humor gennem nogle af hans stille jagter.

Si avvicinò furtivamente agli scoiattoli, solo per lasciarli scappare.

Han sneg sig tæt på egern, kun for at lade dem undslippe.

Stavano per fuggire tra gli alberi, chiacchierando con rabbia e paura.

De ville flygte til træerne, mens de snakkede i frygtsom forargelse.

Con l'arrivo dell'autunno, le alci cominciarono ad apparire in numero maggiore.

Da efteråret kom, begyndte elge at dukke op i større antal.

Si spostarono lentamente verso le basse valli per affrontare l'inverno.

De bevægede sig langsomt ind i de lave dale for at møde vinteren.

Buck aveva già abbattuto un giovane vitello randagio.

Buck havde allerede nedlagt en ung, vildfaren kalv.

Ma lui desiderava ardentemente affrontare prede più grandi e pericolose.

Men han længtes efter at stå over for større og farligere bytte.

Un giorno, sul crinale, alla sorgente del torrente, trovò la sua occasione.

En dag på kløften, ved bækkens udspring, fandt han sin chance.

Una mandria di venti alci era giunta da terre boscose.

En flok på tyve elge var krydset over fra skovområder.

Tra loro c'era un possente toro, il capo del gruppo.

Blandt dem var en mægtig tyr; gruppens leder.

Il toro era alto più di due metri e mezzo e appariva feroce e selvaggio.

Tyren var over to meter høj og så vild og voldsom ud.

Lanciò le sue grandi corna, le cui quattordici punte si diramavano verso l'esterno.

Han kastede sine brede gevirer, fjorten spidser forgrenede sig udad.

Le punte di quelle corna si estendevano per due metri.

Spidserne af disse gevirer strakte sig syv fod i diameter.

I suoi piccoli occhi ardevano di rabbia quando vide Buck lì vicino.

Hans små øjne brændte af raseri, da han fik øje på Buck i nærheden.

Emise un ruggito furioso, tremando di rabbia e dolore.

Han udstødte et rasende brøl, rystende af raseri og smerte.

Vicino al suo fianco spuntava la punta di una freccia, appuntita e piumata.

En pilespids stak ud nær hans flanke, fjerklædt og skarp.

Questa ferita contribuì a spiegare il suo umore selvaggio e amareggiato.

Dette sår var med til at forklare hans vilde, bitre humør.

Buck, guidato dall'antico istinto di caccia, fece la sua mossa.

Buck, styret af ældgammel jagtinstinkt, gjorde sit træk.

Il suo obiettivo era separare il toro dal resto della mandria.

Han havde til formål at adskille tyren fra resten af flokken.

Non era un compito facile: richiedeva velocità e una grande astuzia.

Det var ingen nem opgave – det krævede hurtighed og vild list.

Abbaiava e danzava vicino al toro, appena fuori dalla sua portata.

Han gøede og dansede nær tyren, lige uden for rækkevidde.

L'alce si lanciò con enormi zoccoli e corna mortali.

Elgen forsvandt med enorme hove og dødbringende gevirer.

Un colpo avrebbe potuto porre fine alla vita di Buck in un batter d'occhio.

Et slag kunne have afsluttet Bucks liv på et splitsekund.

Incapace di abbandonare la minaccia, il toro si infuriò.

Da tyren ikke kunne lægge truslen bag sig, blev den rasende.

Lui caricava con furia, ma Buck riusciva sempre a sfuggirgli.

Han angreb i raseri, men Buck smuttede altid væk.

Buck finse di essere debole, allontanandosi ulteriormente dalla mandria.

Buck foregav svaghed og lokkede ham længere væk fra flokken.

Ma i giovani tori sarebbero tornati alla carica per proteggere il capo.

Men unge tyre ville storme tilbage for at beskytte lederen.

Costrinsero Buck a ritirarsi e il toro a ricongiungersi al gruppo.

De tvang Buck til at trække sig tilbage og tyren til at slutte sig til gruppen igen.

C'è una pazienza nella natura selvaggia, profonda e inarrestabile.

Der er en tålmodighed i det vilde, dyb og ustoppelig.

Un ragno resta immobile nella sua tela per innumerevoli ore.

En edderkop venter ubevægelig i sit spind i utallige timer.

Un serpente si avvolge su se stesso senza contrarsi e aspetta il momento giusto.

En slange snor sig uden at rykke og venter, indtil tiden er inde.

Una pantera è in agguato, finché non arriva il momento.

En panter ligger i baghold, indtil øjeblikket oprinder.

Questa è la pazienza dei predatori che cacciano per sopravvivere.

Dette er tålmodigheden hos rovdyr, der jager for at overleve.

La stessa pazienza ardeva dentro Buck mentre gli restava accanto.

Den samme tålmodighed brændte i Buck, mens han blev tæt på.

Rimase vicino alla mandria, rallentandone la marcia e incutendo timore.

Han blev i nærheden af flokken, bremsede dens march og vakte frygt.

Provocava i giovani tori e molestava le mucche madri.

Han drillede de unge tyre og chikanerede moderkøerne.

Spinse il toro ferito in una rabbia ancora più profonda e impotente.

Han drev den sårede tyr ud i et dybere, hjælpeløst raseri.

Per mezza giornata il combattimento si trascinò senza alcuna tregua.

I en halv dag trak kampen ud uden nogen hvile overhovedet.

Buck attaccò da ogni angolazione, veloce e feroce come il vento.

Buck angreb fra alle vinkler, hurtigt og voldsomt som vinden.

Impedì al toro di riposare o di nascondersi con la mandria.

Han forhindrede tyren i at hvile sig eller gemme sig sammen med sin flok.

Buck logorò la volontà dell'alce più velocemente del suo corpo.

Buck udmattede elgens vilje hurtigere end dens krop.

Il giorno passò e il sole tramontò basso nel cielo a nord-ovest.

Dagen gik, og solen sank lavt på den nordvestlige himmel.

I giovani tori tornarono più lentamente per aiutare il loro capo.

De unge tyre vendte langsommere tilbage for at hjælpe deres leder.

Erano tornate le notti autunnali e il buio durava ormai sei ore.

Efterårsnætterne var vendt tilbage, og mørket varede nu seks timer.

L'inverno li spingeva verso valli più sicure e calde.

Vinteren pressede dem ned ad bakke ned i sikrere, varmere dale.

Ma non riuscirono comunque a sfuggire al cacciatore che li tratteneva.

Men de kunne stadig ikke undslippe jægeren, der holdt dem tilbage.

Era in gioco solo una vita: non quella del branco, ma quella del loro capo.

Kun ét liv stod på spil – ikke flokkens, kun deres leders.

Ciò rendeva la minaccia lontana e non una loro preoccupazione urgente.

Det gjorde truslen fjern og ikke deres presserende bekymring.

Col tempo accettarono questo prezzo e lasciarono che Buck prendesse il vecchio toro.

Med tiden accepterede de denne pris og lod Buck tage den gamle tyr.

Mentre calava il crepuscolo, il vecchio toro rimase in piedi con la testa bassa.

Da tusmørket faldt på, stod den gamle tyr med hovedet nedad.

Guardò la mandria che aveva guidato svanire nella luce morente.

Han så den flok, han havde ført, forsvinde i det svindende lys.

C'erano mucche che aveva conosciuto, vitelli che un tempo aveva generato.

Der var køer han havde kendt, kalve han engang var far til.

C'erano tori più giovani con cui aveva combattuto e che aveva dominato nelle stagioni passate.

Der var yngre tyre, han havde kæmpet mod og hersket over i tidligere sæsoner.

Non poteva seguirli, perché davanti a lui era di nuovo accovacciato Buck.

Han kunne ikke følge efter dem – for foran ham krøb Buck igen sammen.

Il terrore spietato e zannuto gli bloccava ogni via che potesse percorrere.

Den nådesløse, hugtændte rædsel blokerede enhver vej, han måtte tage.

Il toro pesava più di trecento chili di potenza densa.

Tyren vejede mere end tre hundrede vægt tæt kraft.

Aveva vissuto a lungo e lottato duramente in un mondo di difficoltà.

Han havde levet længe og kæmpet hårdt i en verden præget af kamp.

Eppure, alla fine, la morte gli venne commessa da una bestia molto più bassa di lui.

Men nu, til sidst, kom døden fra et bæst langt under ham.

La testa di Buck non arrivò nemmeno alle enormi ginocchia noccate del toro.

Bucks hoved nåede ikke engang op til tyrens enorme, knoklede knæ.

Da quel momento in poi, Buck rimase con il toro notte e giorno.

Fra det øjeblik blev Buck hos tyren nat og dag.

Non gli dava mai tregua, non gli permetteva mai di brucare o bere.

Han gav ham aldrig hvile, tillod ham aldrig at græsse eller drikke.

Il toro cercò di mangiare giovani germogli di betulla e foglie di salice.

Tyren forsøgte at spise unge birkeskud og pileblade.

Ma Buck lo scacciò, sempre all'erta e sempre all'attacco.

Men Buck drev ham væk, altid årvågen og altid angribende.

Anche nei torrenti che scorrevano, Buck bloccava ogni assetato tentativo.

Selv ved rislende bække blokerede Buck ethvert forsøg på at slippe tørstigt.

A volte, in preda alla disperazione, il toro fuggiva a tutta velocità.

Nogle gange, i desperation, flygtede tyren i fuld fart.

Buck lo lasciò correre, avanzando tranquillamente dietro di lui, senza mai allontanarsi troppo.

Buck lod ham løbe, roligt løbende lige bagved, aldrig langt væk.

Quando l'alce si fermò, Buck si sdraiò, ma rimase pronto.

Da elgen holdt pause, lagde Buck sig ned, men forblev klar.

Se il toro provava a mangiare o a bere, Buck colpiva con tutta la sua furia.

Hvis tyren forsøgte at spise eller drikke, slog Buck til med al sin raseri.

La grande testa del toro si abbassava sotto le enormi corna.

Tyrens store hoved sank længere ned under dens enorme gevir.

Il suo passo rallentò, il trotto divenne pesante, un'andatura barcollante.

Hans tempo faldt, traven blev tung; en snublende skridt.

Spesso restava immobile con le orecchie abbassate e il naso rivolto verso il terreno.

Han stod ofte stille med hængende ører og snuden mod jorden.

In quei momenti Buck si prese del tempo per bere e riposare.

I disse øjeblikke tog Buck sig tid til at drikke og hvile.

Con la lingua fuori e gli occhi fissi, Buck sentì che la terra stava cambiando.

Med tungen ude, øjnene rettet, fornemmede Buck at landet var ved at forandre sig.

Sentì qualcosa di nuovo muoversi nella foresta e nel cielo.

Han følte noget nyt bevæge sig gennem skoven og himlen.

Con il ritorno delle alci tornarono anche altre creature selvatiche.

Da elgene vendte tilbage, gjorde andre vilde skabninger det også.

La terra sembrava viva di una presenza invisibile ma fortemente nota.

Landet føltes levende med tilstedeværelse, usynligt men stærkt kendt.

Buck non lo sapeva tramite l'udito, la vista o l'olfatto.

Det var hverken ved lyd, syn eller lugt, at Buck vidste dette.

Un sentimento più profondo gli diceva che nuove forze erano in movimento.

En dybere fornemmelse fortalte ham, at nye kræfter var på vej.

Una strana vita si agitava nei boschi e lungo i corsi d'acqua.

Mærkeligt liv rørte sig i skovene og langs vandløbene.

Decise di esplorare questo spirito una volta completata la caccia.

Han besluttede at udforske denne ånd, efter jagten var færdig.

Il quarto giorno, Buck riuscì finalmente a catturare l'alce.

På den fjerde dag nedlagde Buck endelig elgen.

Rimase nei pressi della preda per un giorno e una notte interi, nutrendosi e riposandosi.

Han blev ved byget en hel dag og nat, hvor han spiste og hvilede sig.

Mangiò, poi dormì, poi mangiò ancora, finché non fu forte e sazio.

Han spiste, så sov han, og så spiste han igen, indtil han var stærk og mæt.

Quando fu pronto, tornò indietro verso l'accampamento e Thornton.

Da han var klar, vendte han tilbage mod lejren og Thornton.

Con passo costante iniziò il lungo viaggio di ritorno verso casa.

Med roligt tempo begyndte han den lange hjemrejse.

Correva con la sua andatura instancabile, ora dopo ora, senza mai smarrirsi.

Han løb i sin utrættelige vandring, time efter time, uden at fare vild et eneste øjeblik.

Attraverso terre sconosciute, si muoveva dritto come l'ago di una bussola.

Gennem ukendte lande bevægede han sig lige som en kompasnål.

Il suo senso dell'orientamento faceva sembrare deboli, al confronto, l'uomo e la mappa.

Hans retningssans fik mennesket og kort til at virke svage i sammenligning.

Mentre Buck correva, sentiva sempre più forte l'agitazione nella terra selvaggia.

Mens Buck løb, mærkede han stærkere røret i det vilde landskab.

Era un nuovo tipo di vita, diverso da quello dei tranquilli mesi estivi.

Det var en ny slags liv, i modsætning til de rolige sommermåneders.

Questa sensazione non giungeva più come un messaggio sottile o distante.

Denne følelse kom ikke længere som en subtil eller fjern besked.

Ora gli uccelli parlavano di questa vita e gli scoiattoli chiacchieravano.

Nu talte fuglene om dette liv, og egernene snakkede om det.

Persino la brezza sussurrava avvertimenti tra gli alberi silenziosi.

Selv brisen hviskede advarsler gennem de stille træer.

Più volte si fermò ad annusare l'aria fresca del mattino.

Flere gange stoppede han og indsnusede den friske morgenluft.

Lì lesse un messaggio che lo fece fare un balzo in avanti più velocemente.

Der læste han en besked, der fik ham til at springe hurtigere fremad.

Fu pervaso da un forte senso di pericolo, come se qualcosa fosse andato storto.

En stærk følelse af fare fyldte ham, som om noget var gået galt.

Temeva che la calamità stesse per arrivare, o che fosse già arrivata.

Han frygtede, at en ulykke var på vej – eller allerede var kommet.

Superò l'ultima cresta ed entrò nella valle sottostante.

Han krydsede den sidste højderyg og kom ind i dalen nedenfor.

Si muoveva più lentamente, attento e cauto a ogni passo.

Han bevægede sig langsommere, årvågen og forsigtig med hvert skridt.

Dopo tre miglia trovò una pista fresca che lo fece irrigidire.

Tre mil ude fandt han et nyt spor, der fik ham til at stivne.

I peli sul collo si rizzarono e si rizzarono in segno di allarme.

Håret langs hans hals bølgede og strittede i alarm.

Il sentiero portava dritto all'accampamento dove Thornton aspettava.

Stien førte direkte mod lejren, hvor Thornton ventede.

Buck ora si muoveva più velocemente, con passi silenziosi e rapidi.

Buck bevægede sig hurtigere nu, hans skridt både lydløse og hurtige.

I suoi nervi si irrigidirono mentre leggeva segnali che altri non avrebbero notato.

Hans nerver snørede sig, da han læste tegn på, at andre ville overse.

Ogni dettaglio del percorso raccontava una storia, tranne l'ultimo pezzo.

Hver detalje på ruten fortalte en historie – undtagen det sidste stykke.

Il suo naso gli raccontò della vita che aveva trascorso lì.

Hans næse fortalte ham om det liv, der var gået forbi på denne måde.

L'odore gli fornì un'immagine mutevole mentre lo seguiva da vicino.

Duften gav ham et skiftende billede, mens han fulgte tæt efter.

Ma la foresta stessa era diventata silenziosa, innaturalmente immobile.

Men selve skoven var blevet stille; unaturligt stille.

Gli uccelli erano scomparsi, gli scoiattoli erano nascosti, silenziosi e immobili.

Fuglene var forsvundet, egern var skjult, tavse og stille.

Vide solo uno scoiattolo grigio, sdraiato su un albero morto.

Han så kun ét gråt egern, fladt på et dødt træ.

Lo scoiattolo si mimetizzava, rigido e immobile come una parte della foresta.

Egernet blandede sig med, stift og ubevægeligt som en del af skoven.

Buck si muoveva come un'ombra, silenzioso e sicuro tra gli alberi.

Buck bevægede sig som en skygge, tavs og sikker gennem træerne.

Il suo naso si mosse di lato come se fosse stato tirato da una mano invisibile.

Hans næse blev trukket til side, som om en usynlig hånd havde trukket i ham.

Si voltò e seguì il nuovo odore nel profondo di un boschetto.

Han vendte sig og fulgte den nye duft dybt ind i et krat.

Lì trovò Nig, steso morto, trafitto da una freccia.

Der fandt han Nig, liggende død, gennemboret af en pil.

La freccia gli attraversò il corpo, lasciando ancora visibili le piume.

Skaftet gik gennem hans krop, fjerene stadig synlige.

Nig si era trascinato fin lì, ma era morto prima di riuscire a raggiungere i soccorsi.

Nig havde slæbt sig derhen, men døde, før han nåede frem til hjælp.

Cento metri più avanti, Buck trovò un altro cane da slitta.

Hundrede meter længere fremme fandt Buck en anden slædehund.

Era un cane che Thornton aveva comprato a Dawson City.

Det var en hund, som Thornton havde købt tilbage i Dawson City.

Il cane lottava con tutte le sue forze, dimenandosi violentemente sul sentiero.

Hunden var i en dødskamp og kæmpede hårdt på stien.

Buck gli passò accanto senza fermarsi, con gli occhi fissi davanti a sé.

Buck gik uden at stoppe, med blikket rettet fremad.

Dalla direzione dell'accampamento proveniva un canto lontano e ritmico.

Fra lejrens retning kom en fjern, rytmisk sang.

Le voci si alzavano e si abbassavano con un tono strano, inquietante, cantilenante.

Stemmer steg og faldt i en mærkelig, uhyggelig, syngende tone.

Buck strisciò in silenzio fino al limite della radura.

Buck kravlede frem til kanten af lysningen i stilhed.

Lì vide Hans disteso a faccia in giù, trafitto da numerose frecce.

Der så han Hans ligge med ansigtet nedad, gennemboret af mange pile.

Il suo corpo sembrava quello di un porcospino, irto di penne.

Hans krop lignede et pindsvin, strittende med fjerklædte skafter.

Nello stesso momento, Buck guardò verso la capanna in rovina.

I samme øjeblik kiggede Buck mod den ødelagte hytte.

Quella vista gli fece rizzare i capelli sul collo e sulle spalle.

Synet fik håret til at rejse sig på hans nakke og skuldre.

Un'ondata di rabbia selvaggia travolse tutto il corpo di Buck.

En storm af vildt raseri fejede gennem hele Bucks krop.

Ringhiò forte, anche se non ne era consapevole.

Han knurrede højt, selvom han ikke vidste, at han havde gjort det.

Il suono era crudo, pieno di una furia terrificante e selvaggia.

Lyden var rå, fyldt med skræmmende, vild raseri.

Per l'ultima volta nella sua vita, Buck perse la ragione a causa delle emozioni.

For sidste gang i sit liv mistede Buck fornuften til fordel for følelserne.

Fu l'amore per John Thornton a spezzare il suo attento controllo.

Det var kærligheden til John Thornton, der brød hans omhyggelige kontrol.

Gli Yeehats ballavano attorno alla baita in legno di abete rosso distrutta.

Yeehat-familien dansede rundt om den ødelagte granhytte.

Poi si udì un ruggito e una bestia sconosciuta si lanciò verso di loro.

Så lød et brøl – og et ukendt bæst stormede mod dem.

Era Buck: una furia in movimento, una tempesta vivente di vendetta.

Det var Buck; et raseri i bevægelse; en levende hævnstorm.

Si gettò in mezzo a loro, folle di voglia di uccidere.

Han kastede sig midt iblandt dem, rasende af trang til at dræbe.

Si lanciò contro il primo uomo, il capo Yeehat, e colpì nel segno.

Han sprang mod den første mand, Yeehat-høvdingen, og ramte sandt.

La sua gola era squarciata e il sangue schizzava a fiotti.

Hans hals var flået op, og blodet sprøjtede ud i en strøm.

Buck non si fermò, ma con un balzo squarciò la gola dell'uomo successivo.

Buck stoppede ikke, men rev den næste mands hals over med ét spring.

Era inarrestabile: squarciava, tagliava, non si fermava mai a riposare.

Han var ustoppelig – flåede, skar, og holdt aldrig pause for at hvile.

Si lanciò e balzò così velocemente che le loro frecce non riuscirono a toccarlo.

Han pilede og sprang så hurtigt, at deres pile ikke kunne ramme ham.

Gli Yeehats erano in preda al panico e alla confusione.

Yeehat-familien var fanget i deres egen panik og forvirring.

Le loro frecce non colpirono Buck e si colpirono tra loro.

Deres pile ramte ikke Buck og ramte i stedet hinanden.

Un giovane scagliò una lancia contro Buck e colpì un altro uomo.

En ung mand kastede et spyd mod Buck og ramte en anden mand.

La lancia gli trapassò il petto e la punta gli trafisse la schiena.

Spydet skar gennem hans bryst, og spidsen stødte ud i hans ryg.

Il terrore travolse gli Yeehats, che si diedero alla ritirata.

Rædsel skyllede over Yeehat-familien, og de brød på fuldt tilbagetog.

Urlarono allo Spirito Maligno e fuggirono nelle ombre della foresta.

De skreg af den onde ånd og flygtede ind i skovens skygger.

Buck era davvero come un demone mentre inseguiva gli Yeehats.

Buck var sandelig som en dæmon, da han jagtede Yeehat-familien.

Li inseguì attraverso la foresta, abbattendoli come cervi.

Han løb efter dem gennem skoven og fældede dem som hjorte.

Divenne un giorno di destino e terrore per gli spaventati Yeehats.

Det blev en skæbnens og rædslernes dag for de skræmte Yeehats.

Si dispersero sul territorio, fuggendo in ogni direzione.

De spredtes over landet og flygtede vidt i alle retninger.

Passò un'intera settimana prima che gli ultimi sopravvissuti si incontrassero in una valle.

En hel uge gik, før de sidste overlevende mødtes i en dal.

Solo allora contarono le perdite e raccontarono quanto accaduto.

Først da optalte de deres tab og talte om, hvad der var sket.

Buck, stanco dell'inseguimento, ritornò all'accampamento in rovina.

Efter at være blevet træt af jagten vendte Buck tilbage til den ødelagte lejr.

Trovò Pete, ancora avvolto nelle coperte, ucciso nel primo attacco.

Han fandt Pete, stadig i sine tæpper, dræbt i det første angreb.

I segni dell'ultima lotta di Thornton erano visibili nella terra lì vicino.

Spor af Thorntons sidste kamp var markeret i jorden i nærheden.

Buck seguì ogni traccia, annusando ogni segno fino al punto finale.

Buck fulgte hvert spor og snusede til hvert mærke til et sidste punkt.

Sul bordo di una profonda pozza trovò il fedele Skeet, immobile.

Ved kanten af en dyb pool fandt han den trofaste Skeet, liggende stille.

La testa e le zampe anteriori di Skeet erano nell'acqua, immobili nella morte.

Skeets hoved og forpoter var i vandet, ubevægelige i døden.

La piscina era fangosa e contaminata dai liquidi di scarico delle chiuse.

Poolen var mudret og tilsmudset med afstrømning fra sluseboksene.

La sua superficie torbida nascondeva ciò che si trovava sotto, ma Buck conosceva la verità.

Dens skyede overflade skjulte, hvad der lå nedenunder, men Buck kendte sandheden.

Seguì l'odore di Thornton nella piscina, ma non lo portò da nessun'altra parte.

Han sporede Thorntons duft ned i dammen – men duften førte ingen andre steder hen.

Non c'era alcun odore che provenisse, solo il silenzio dell'acqua profonda.

Der var ingen duft, der førte ud – kun stilheden af det dybt vand.

Buck rimase tutto il giorno vicino alla piscina, camminando avanti e indietro per l'accampamento, addolorato.

Hele dagen blev Buck ved dammen og gik sorgfuldt frem og tilbage i lejren.

Vagava irrequieto o sedeva immobile, immerso nei suoi pensieri.

Han vandrede rastløst omkring eller sad stille, fortabt i tunge tanker.

Conosceva la morte, la fine della vita, la scomparsa di ogni movimento.

Han kendte døden; livets afslutning; al bevægelses forsvinden.

Capì che John Thornton se n'era andato e non sarebbe mai più tornato.

Han forstod, at John Thornton var væk og aldrig ville vende tilbage.

La perdita lasciò in lui un vuoto che pulsava come la fame.

Tabet efterlod et tomrum i ham, der dunkede som sult.

Ma questa era una fame che il cibo non riusciva a placare, non importava quanto ne mangiasse.

Men dette var en sult, maden ikke kunne stille, uanset hvor meget han spiste.

A volte, mentre guardava i cadaveri di Yeehats, il dolore si attenuava.

Til tider, når han så på de døde Yeehats, forsvandt smerten.

E poi dentro di lui nacque uno strano orgoglio, feroce e totale.

Og så steg en mærkelig stolthed i ham, voldsom og fuldstændig.

Aveva ucciso l'uomo, la preda più alta e pericolosa di tutte.

Han havde dræbt mennesket, det højeste og farligste spil af alle.

Aveva ucciso in violazione dell'antica legge del bastone e della zanna.

Han havde dræbt i strid med den gamle lov om kølle og hugtand.

Buck annusò i loro corpi senza vita, curioso e pensieroso.

Buck snusede til deres livløse kroppe, nysgerrig og tankefuld.

Erano morti così facilmente, molto più facilmente di un husky in combattimento.

De var døde så let – meget lettere end en husky i en kamp.

Senza le armi non avrebbero avuto vera forza né avrebbero rappresentato una minaccia.

Uden deres våben havde de ingen sand styrke eller trussel.

Buck non avrebbe più avuto paura di loro, a meno che non fossero stati armati.

Buck ville aldrig frygte dem igen, medmindre de var bevæbnede.

Stava attento solo quando portavano clave, lance o frecce.

Kun når de bar køller, spyd eller pile, ville han være på vagt.

Calò la notte e la luna piena spuntò alta sopra le cime degli alberi.

Natten faldt på, og en fuldmåne steg højt over træernes toppe.

La pallida luce della luna avvolgeva la terra in un tenue e spettrale chiarore, come se fosse giorno.

Månens blege lys badede landet i et blødt, spøgelsesagtigt skær som dag.

Mentre la notte avanzava, Buck continuava a piangere presso la pozza silenziosa.

Mens natten blev dybere, sørgede Buck stadig ved den stille dam.

Poi si accorse di un diverso movimento nella foresta.

Så blev han opmærksom på en anden bevægelse i skoven.

L'agitazione non proveniva dagli Yeehats, ma da qualcosa di più antico e profondo.

Oprøret kom ikke fra Yeehat-familien, men fra noget ældre og dybereliggende.

Si alzò in piedi, drizzò le orecchie e tastò con attenzione la brezza con il naso.

Han rejste sig op med løftede ører og undersøgte forsigtigt brisen med næsen.

Da lontano giunse un debole e acuto grido che squarciò il silenzio.

Langt væk lød et svagt, skarpt gyl, der gennembrød stilheden.

Poi un coro di grida simili seguì subito dopo il primo.

Så fulgte et kor af lignende råb tæt efter det første.

Il suono si avvicinava sempre di più, diventando sempre più forte con il passare dei minuti.

Lyden kom nærmere og blev højere for hvert øjeblik, der gik.

Buck conosceva quel grido: proveniva da quell'altro mondo nella sua memoria.

Buck kendte dette råb – det kom fra den anden verden i hans hukommelse.

Si recò al centro dello spazio aperto e ascoltò attentamente.

Han gik hen til midten af det åbne rum og lyttede opmærksomt.

L'appello risuonò più forte che mai, più sentito e più potente che mai.

Kaldet lød, mange gange nævnt og kraftigere end nogensinde.

E ora, più che mai, Buck era pronto a rispondere alla sua chiamata.

Og nu, mere end nogensinde før, var Buck klar til at besvare hans kald.

John Thornton era morto e in lui non era rimasto alcun legame con l'uomo.

John Thornton var død, og han havde intet bånd til mennesker tilbage.

L'uomo e tutte le pretese umane erano svaniti: era finalmente libero.

Mennesket og alle menneskelige krav var væk – han var endelig fri.

Il branco di lupi era a caccia di carne, proprio come un tempo avevano fatto gli Yeehats.

Ulveflokken jagtede kød, ligesom Yeehats engang gjorde.

Avevano seguito le alci mentre scendevano dalle terre boscose.

De havde fulgt elge ned fra de skovklædte områder.

Ora, selvaggi e affamati di prede, attraversarono la sua valle.

Nu, vilde og sultne efter bytte, krydsede de ind i hans dal.

Giunsero nella radura illuminata dalla luna, scorrendo come acqua argentata.

Ind i den månebelyste lysning kom de, flødende som sølvvand.

Buck rimase immobile al centro, in attesa.

Buck stod stille i midten, ubevægelig og ventede på dem.

La sua presenza calma e imponente lasciò il branco senza parole, tanto da farlo restare per un breve periodo in silenzio.

Hans rolige, store tilstedeværelse chokerede flokken og indtog en kort tavshed.

Allora il lupo più audace gli saltò addosso senza esitazione.

Så sprang den dristigste ulv direkte mod ham uden tøven.

Buck colpì rapidamente e spezzò il collo del lupo con un solo colpo.

Buck slog hurtigt til og brækkede ulvens hals med et enkelt slag.

Rimase di nuovo immobile mentre il lupo morente si contorceva dietro di lui.

Han stod ubevægelig igen, mens den døende ulv snoede sig bag ham.

Altri tre lupi attaccarono rapidamente, uno dopo l'altro.

Tre ulve mere angreb hurtigt, den ene efter den anden.

Ognuno di loro si ritrasse sanguinante, con la gola o le spalle tagliate.

Hver af dem trak sig blødende tilbage, med overskåret hals eller skuldre.

Ciò fu sufficiente a scatenare una carica selvaggia da parte dell'intero branco.

Det var nok til at sætte hele flokken i vildt angreb.

Si precipitarono tutti insieme, troppo impazienti e troppo ammassati per colpire bene.

De styrtede ind sammen, for ivrige og for tæt befolkede til at slå ordentligt til.

La velocità e l'abilità di Buck gli permisero di anticipare l'attacco.

Bucks hurtighed og dygtighed tillod ham at holde sig foran angrebet.

Girò sulle zampe posteriori, schioccando i denti e colpendo in tutte le direzioni.

Han snurrede rundt på bagbenene, snappede og slog i alle retninger.

Ai lupi sembrò che la sua difesa non si fosse mai aperta o avesse vacillato.

For ulvene virkede det som om hans forsvar aldrig åbnede eller vaklede.

Si voltò e colpì così velocemente che non riuscirono a raggiungerlo alle spalle.

Han vendte sig og huggede så hurtigt, at de ikke kunne komme bag ham.

Ciononostante, il loro numero lo costrinse a cedere terreno e a ritirarsi.

Ikke desto mindre tvang deres antal ham til at give terræn og trække sig tilbage.

Superò la piscina e scese nel letto roccioso del torrente.

Han bevægede sig forbi dammen og ned i det stenede bækleje.

Lì si imbatté in un ripido pendio di ghiaia e terra.

Der stødte han på en stejl skrænt af grus og jord.

Si è infilato in un angolo scavato durante i vecchi scavi dei minatori.

Han kantede sig ind i et hjørne, der blev skåret under minearbejdernes gamle udgravning.

Ora, protetto su tre lati, Buck si trovava di fronte solo al lupo frontale.

Nu, beskyttet på tre sider, stod Buck kun over for den forreste ulv.

Lì rimase in attesa, pronto per la successiva ondata di assalto.

Der stod han i skak, klar til den næste bølge af angreb.

Buck mantenne la posizione con tanta ferocia che i lupi indietreggiarono.

Buck holdt stand så voldsomt, at ulvene trak sig tilbage.

Dopo mezz'ora erano sfiniti e visibilmente sconfitti.

Efter en halv time var de udmattede og synligt besejrede.

Le loro lingue pendevano fuori e le loro zanne bianche brillavano alla luce della luna.

Deres tunger hang ud, deres hvide hugtænder glimtede i måneskinnet.

Alcuni lupi si sdraiano, con la testa alzata e le orecchie dritte verso Buck.

Nogle ulve lagde sig ned med hovederne hævet og ørerne spidse mod Buck.

Altri rimasero immobili, attenti e osservarono ogni suo movimento.

Andre stod stille, årvågne og iagttog hans hver bevægelse.

Qualcuno si avvicinò alla piscina e bevve l'acqua fredda.

Et par stykker gik hen til poolen og drak koldt vand.

Poi un lupo grigio, lungo e magro, si fece avanti furtivamente, con passo gentile.

Så sneg en lang, mager grå ulv sig blidt frem.

Buck lo riconobbe: era il fratello selvaggio di prima.

Buck genkendte ham – det var den vilde bror fra før.

Il lupo grigio uggiolò dolcemente e Buck rispose con un guaito.

Den grå ulv klynkede sagte, og Buck svarede med et klynk.

Si toccarono il naso, silenziosamente, senza timore o minaccia.

De rørte ved næserne, stille og uden trussel eller frygt.

Poi venne un lupo più anziano, scarno e segnato dalle numerose battaglie.

Dernæst kom en ældre ulv, mager og arret efter mange kampe.

Buck cominciò a ringhiare, ma si fermò e annusò il naso del vecchio lupo.

Buck begyndte at knurre, men holdt en pause og snusede til den gamle ulvs snude.

Il vecchio si sedette, alzò il naso e ululò alla luna.

Den gamle satte sig ned, løftede næsen og hylede mod månen.

Il resto del branco si sedette e si unì al lungo ululato.

Resten af flokken satte sig ned og var med i det lange hyl.

E ora la chiamata giunse a Buck, inequivocabile e forte.

Og nu kom kaldet til Buck, umiskendeligt og stærkt.

Si sedette, alzò la testa e ululò insieme agli altri.

Han satte sig ned, løftede hovedet og hylede sammen med de andre.

Quando l'ululato cessò, Buck uscì dal suo riparo roccioso.

Da hylen holdt op, trådte Buck ud af sit klippefyldte ly.

Il branco si strinse attorno a lui, annusando con gentilezza e cautela.

Flokken lukkede sig om ham og snusede både venligt og forsigtigt.

Allora i capi lanciarono un grido e si precipitarono nella foresta.

Så udstødte lederne et hyl og skyndte sig ind i skoven.

Gli altri lupi li seguirono, guaendo in coro, selvaggi e veloci nella notte.

De andre ulve fulgte efter, gylpende i kor, vilde og hurtige i natten.

Buck corse con loro, accanto al suo selvaggio fratello, ululando mentre correva.

Buck løb med dem, ved siden af sin vilde bror, mens han løb hylende.

Qui la storia di Buck giunge al termine.

Her gør historien om Buck det godt at få sin ende.

Negli anni a seguire, gli Yeehats notarono degli strani lupi.

I de følgende år bemærkede Yeehat-familien mærkelige ulve.

Alcuni avevano la testa e il muso marroni e il petto bianco.

Nogle havde brune på hovedet og snuden og hvide på brystet.

Ma ancora di più temevano la presenza di una figura spettrale tra i lupi.

Men endnu mere frygtede de en spøgelsesagtig skikkelse blandt ulvene.

Parlavano a bassa voce del Cane Fantasma, il capo del branco.

De talte hviskende om Spøgelseshunden, flokkens leder.

Questo Ghost Dog era più astuto del più audace cacciatore di Yeehat.

Denne Spøgelseshund var mere listig end den dristigste Yeehat-jæger.

Il cane fantasma rubava dagli accampamenti nel cuore dell'inverno e faceva a pezzi le loro trappole.

Spøgelseshunden stjal fra lejre i den høje vinter og rev deres fælder i stykker.

Il cane fantasma uccise i loro cani e sfuggì alle loro frecce senza lasciare traccia.

Spøgelseshunden dræbte deres hunde og undslap deres pile sporløst.

Perfino i guerrieri più coraggiosi avevano paura di affrontare questo spirito selvaggio.

Selv deres modigste krigere frygtede at stå over for denne vilde ånd.

No, la storia diventa ancora più oscura con il passare degli anni trascorsi nella natura selvaggia.

Nej, fortællingen bliver endnu mørkere, som årene går i naturen.

Alcuni cacciatori scompaiono e non fanno più ritorno ai loro accampamenti lontani.

Nogle jægere forsvinder og vender aldrig tilbage til deres fjerne lejre.

Altri vengono trovati con la gola squarciata, uccisi nella neve.

Andre findes med revet hals op, dræbt i sneen.

Intorno ai loro corpi ci sono delle impronte più grandi di quelle che un lupo potrebbe mai lasciare.

Rundt om deres kroppe er der spor – større end nogen ulv kunne lave.

Ogni autunno, gli Yeehats seguono le tracce dell'alce.

Hvert efterår følger Yeehats elgens spor.

Ma evitano una valle perché la paura è scolpita nel profondo del loro cuore.

Men de undgår én dal med frygt indgraveret dybt i deres hjerter.

Si dice che la valle sia stata scelta dallo Spirito Maligno come sua dimora.

De siger, at dalen er valgt af den onde ånd til sit hjem.

E quando la storia viene raccontata, alcune donne piangono accanto al fuoco.

Og når historien fortælles, græder nogle kvinder ved bålet.

Ma d'estate, c'è un visitatore che giunge in quella valle sacra e silenziosa.

Men om sommeren kommer én besøgende til den stille, hellige dal.

Gli Yeehats non lo conoscono e non potrebbero capirlo.

Yeehat-familien kender ikke til ham, og de kunne heller ikke forstå ham.

Il lupo è un animale grandioso, ricoperto di gloria, come nessun altro della sua specie.

Ulven er en stor ulv, klædt i pragt, som ingen anden af sin slags.

Lui solo attraversa il bosco verde ed entra nella radura della foresta.

Han alene krydser fra det grønne træ og går ind i skovlysningen.

Lì, la polvere dorata contenuta nei sacchi di pelle d'alce si infiltra nel terreno.

Der siver gyldent støv fra elgskindssække ned i jorden.

L'erba e le foglie vecchie hanno nascosto il giallo del sole.

Græs og gamle blade har skjult det gule for solen.

Qui il lupo resta in silenzio, pensando e ricordando.

Her står ulven i stilhed, tænker og husker.

Urla una volta sola, a lungo e lugubremente, prima di girarsi e andarsene.

Han hyler én gang – langt og sørgmodigt – før han vender sig for at gå.

Ma non è sempre solo nella terra del freddo e della neve.

Alligevel er han ikke altid alene i kuldens og sneens land.

Quando le lunghe notti invernali scendono sulle valli più basse.

Når lange vinternætter sænker sig over de lavere dale.

Quando i lupi seguono la selvaggina attraverso il chiaro di luna e il gelo.

Når ulvene følger vildt gennem måneskin og frost.

Poi corre in testa al gruppo, saltando in alto e in modo selvaggio.

Så løber han i spidsen for flokken, springende højt og vildt.

La sua figura svetta sulle altre, la sua gola risuona di canto.

Hans skikkelse tårner sig op over de andre, hans hals levende af sang.

È il canto del mondo più giovane, la voce del branco.

Det er den yngre verdens sang, flokkens stemme.

Canta mentre corre: forte, libero e per sempre selvaggio.

Han synger, mens han løber – stærk, fri og evigt vild.